Wolfgang Hagleitner

Du stirbst, wenn ich es will!

D1729911

edition winterwork

Bibliografische Informationen der Deutschen Nationalbibliothek:
Die Deutsche Nationalbibliothek verzeichnet diese Publikation in
der Deutschen Nationalbibliografie. Detaillierte bibliografische
Daten im Internet über http://www.d-nb.de abrufbar.

Impressum

Wolfgang Hagleitner, »Du stirbst, wenn ich es will!«
www.edition-winterwork.de
© 2014 edition winterwork
Alle Rechte vorbehalten.
Satz: edition winterwork
Umschlag: edition winterwork
Umschlaggrafik: Christoph Palaschke
Druck und Bindung: winterwork Borsdorf

ISBN 978-3-86468-718-1

Du stirbst, wenn ich es will!

Ein SEK-Polizist auf Abwegen

Wolfgang Hagleitner

Einen besonderen Dank an meinen Freund
Christoph Palaschke für das Malen des Covers

SOMMER 2012

Die Seitengasse im Zentrum von Erding schien ausgestorben. Die Hitze hatte die Straßen leergefegt. Jeder, der nicht arbeiten musste, war vermutlich zur Erdinger Therme oder zu einem der vielen kleinen Seen zum Baden gegangen.

Auf dem Dachboden des gelben Abbruchhauses neben der Dorfbäckerei stand die Luft. Die Nachmittagssonne hatte sie bis auf ein nahezu unerträgliches Maß aufgeheizt.

Der Mann, der sich im hinteren Teil des Dachbodens aufhielt, fluchte innerlich. Schweiß sammelte sich in seinem Nakken und rann als kleines Rinnsal die Hautfalten entlang unter seinen blauen Overall. Seit Tagen hatte er seine Rasur vernachlässigt. Das rächte sich jetzt. Die Bartstoppeln begannen zu jucken.

Die Stille des Raumes wurde von dem vereinzelten Surren fliegender Insekten durchbrochen. Sie machten den Aufenthalt hier oben nicht gerade angenehmer.

Der Mann hatte sich mit seinem Scharfschützengewehr im dunklen Teil des Dachbodens leicht erhöht eine ideale Position eingerichtet. Zwischen all dem alten Gerümpel hatten sich zwei gestapelte Holztische als improvisierte Stellung angeboten. Der Schaft seiner CISM mit dem darauf montierten Schalldämpfer lag gut gebettet auf einem alten Sandsack. Der Dämpfer, angefertigt von einem ungarischen Spezialisten in einem kleinen Vorort von Budapest, hatte ihn auf dem Schwarzmarkt fast tausend Euro gekostet. Aus seiner liegenden Position konnte er mit einem Blick durch sein Objektiv durch das geöffnete Fenster den Eingang des Geschäftes im Auge behalten, ohne selbst gesehen zu werden. Er hatte im Zuge seiner Vorbereitungen bereits vor Tagen die Distanz von diesem Punkt zu seinem Zielobjekt mit einem Entfernungsmesser berechnet. Auf diesem Gerät konnte man nicht nur die Entfernung, sondern auch den Winkel nach unten in Grad ablesen. An der optischen Zieleinrichtung auf seiner Waffe befanden sich seitlich und oben zwei kleine Erhebungen. Mit diesen sogenannten Türmchen war es dem Schützen möglich, horizontale und vertikale Abweichungen des Geschosses zu korrigieren. Jeder Scharfschütze verfügte über ein persönliches kleines Buch. In diesem war jeder Schuss notiert, den der jeweilige Schütze im Laufe der Karriere bei seiner Einheit abgegeben hatte. Und es waren alle Abweichungen jedes verwendeten Geschosses bei jeglicher Witterung und Windstärke eingetragen. Aufgrund dieser Daten wusste er nun, dass er den Turm um acht Klicks nach unten drehen musste, um den entstehenden Hochschuss (das war bei einem Winkelschuss nach unten immer der Fall!) um vier Zentimeter zu korrigieren.

Damit konnte er den Treffpunkt seines Geschosses auf einen halben Zentimeter genau wählen.

* * *

Es war für ihn einfach gewesen, das fast schon antike Schloss zum Dachboden zu knacken. Niemand – außer vielleicht ein verirrter Obdachloser – würde sich hierher verirren. Das Haus stand bereits seit mehreren Jahren leer. Über das umliegende Gelände würde er nach seiner Tat ungesehen bis auf eine Parallelstraße gelangen, wo er seinen alten Ford Transit geparkt hatte. Im Inneren dieses Fahrzeugs hatte er mehrere Plastikrohre mit einem Durchmesser von zwanzig Zentimetern und einige leere Kisten sowie einen offenen Werkzeugkoffer liegen. Mit seinem gebrauchten Overall würde er bei jedem zufälligen Beobachter als Installateur oder Bauarbeiter durchgehen. Am Boden lag eines der Rohre. Es war an beiden Seiten mit Plastikdrehverschlüssen versehen und hatte als Transportbehälter für sein Gewehr gedient. Er bevorzugte es, die Waffe im Ganzen zu befördern. So hatte er nach seinen heimlichen Einsätzen keinen Zeitstress mit dem Zerlegen, und jederzeit einsatzbereit sollte die Waffe ja auch sein. Nach dem Schuss würde er nur mehr die leere Hülse der Patrone aufsammeln und dann schnell und unerkannt flüchten.

Für ihn war es bereits der dritte Tag auf dem Dachboden. Er hatte nichts mit bloßen Fingern berührt, sondern trug Handschuhe, und seine Schuhe würde er sofort nach der Tat in einem anderen Teil der Stadt entsorgen. Fehler konnte er sich in seinem Geschäft nicht leisten. Die Tatortbeamten waren in den letzten Jahren immer erfolgreicher geworden. Eine DNA-Spur, eine Schuhspur oder Ähnliches wollte er unter keinen Umständen hinterlassen. Zudem achtete er peinlichst genau darauf, dass er seine Notdurft stets zu Hause erledigte, bevor er zu seinen Beobachtungen aufbrach. Abgesehen von dem Gestank ließen sich sonst Rückschlüsse auf den Verursacher ziehen.

Der Mann blickte kurz auf seine Uhr. Fünf Minuten noch ... Er hatte den pädophilen Mayer Anton seit nunmehr zwei Monaten beschattet, hatte seine Gewohnheiten studiert und auf Auffälligkeiten geachtet. Er war ihm oft bis in die frühen Morgenstunden in diverse einschlägige Bars gefolgt, hatte dessen Geschäft aufgesucht und am Ende den perfekten Platz für sein Ende gesucht. Nun war alles klar. Mayer würde sein Geschäft wie jeden Tag um achtzehn Uhr verlassen, im Eingangsbereich stehen bleiben, sich seine Zigarette anzünden und dann zu der kleinen Bar schräg gegenüber gehen, um dort seinen Espresso zu trinken und gierig den vorübergehenden Kindern, die nach einem vergnüglichen Badenachmittag nach Hause gingen, nachzuschauen. Ein leichtes Würgen überkam den Beobachter. Er hatte die Polizeifotos gesehen, die die Verletzungen des kleinen Elias zeigten.

7

Nur mehr fünf Minuten ... Dieses Arschloch würde nie wieder seine Neigungen ausleben können. Und Elias' Vater würde, wenn es auch spät geschah, jene Gerechtigkeit erfahren, welche ihm vom Gericht verwehrt worden war.

* * *

Die Tür des Geschäftes öffnete sich und Mayer erschien in der Optik seines Zielfernrohrs. Tom ließ das Fadenkreuz über dessen Rücken in Richtung seines Kopfes wandern. Für einen kurzen Moment reflektierte Mayers Glatze das Sonnenlicht. Tom schloss sein Auge und blinzelte. Dann war er wieder völlig auf seine Aufgabe fokussiert.

Mayer schloss sein Geschäft ab und drehte sich langsam um. Wie immer, dachte Tom. Die Macht der Gewohnheit. Mayer blieb im Türbereich stehen, fischte mit seinen feisten Fingern eine zerknüllte Zigarettenpackung aus seiner Hosentasche, zog eine Zigarette heraus und steckte sie in den Mund. Tom sah, wie er mit dem Daumen den Verschluss seines Feuerzeuges öffnete, das Rädchen drehte und wie die Flamme anging. Als spüre Mayer die Gefahr, die hinter dem leicht geöffneten Fenster im obersten Stock lauerte, blickte er nach oben in Richtung des alten Hauses, während er die Flamme zur Zigarettenspitze führte.

Tom lächelte, als er das Fadenkreuz unter Mayers Nase wandern ließ. Er atmete noch einmal entspannt aus, ging dann auf den Druckpunkt und zog den Abzug durch. Er sah den ungläubigen Ausdruck in Mayers Gesicht, dann den dunklen Punkt des Einschusses zwischen der Oberlippe und der Nasenwurzel. Das Geschoss drang unterhalb der Nase ein, durchschlug das Kleinhirn und unterbrach alle Nervenfunktionen des Körpers mit einem Schlag. Als das Geschoss wieder austrat, platzte der Hinterkopf. Zurück blieb ein riesiges Loch. Während Mayer wie vom Blitz getroffen zusammenklappte, steckte die Kugel bereits im Holzrahmen der Geschäftstür und Mayers Blut färbte das Fensterglas der Tür rot.

Schnell hob Tom die leere Hülse vom Boden auf und steckte sie ein. Sein Gewehr verstaute er im Plastikrohr. Dann sah er sich noch einmal kurz auf dem Dachboden um und schon wenig später ging er über den Hinterhof. Bei seinem Van angekommen, öffnete er das Heck und legte das Rohr zu den anderen. Dann stieg er selbst in den Wagen und fuhr über die Schnellstraße in Richtung Rosenheim. Bevor er die Autobahn erreichte, steuerte er einen Parkplatz an und zog sich um. Seine Schuhe warf er in einen Mülleimer.

Nach wenigen Kilometern war Tom zu Hause angekommen. In seiner Garage entlud er den Bus. Sein Scharfschützengewehr würde er in einem Versteck verstauen, das er bereits vor einigen Jahren beim Bau der Garage berücksichtigt hatte. Dafür schob er die alte Tiefkühltruhe zur Seite und drehte zwei Holzschrauben aus der dahinter liegenden Holzverkleidung. Nun konnte er die gesamte Verkleidung in einer Art Schiene schräg nach oben schieben, bis sie einrastete. Direkt dahinter lag ein etwa zwei Quadratmeter großer Raum. Weil Tom an der Außenwand der Garage Brennholz gestapelt hatte, würde nur ein geübter Beobachter erahnen, dass dort mehr war als nur eine bloße Wand. Er hängte seine Waffe an den dafür vorgesehenen Platz. Er war ein Perfektionist und alles in seinem Leben hatte einen bestimmten Platz. Mehrere andere Langwaffen, Pistolen und einige Handgranaten sowie verschiedene Sprengstoffe, Zünder und einige seltsame Messer hingen an den übrigen Halterungen. Das Rohr, in dem er die Waffe transportiert hatte, würde er wieder zu den anderen ins Fahrzeug legen, um sie zu einem späteren Zeitpunkt an einem unbedenklichen Ort zu entsorgen. Nachdem er die Schrauben wieder fixiert und die Tiefkühltruhe an ihren Platz zurückgeschoben hatte, verließ er die Garage, um durch seinen liebevoll gestalteten Garten ins Haus zu gehen. Wenig später lag er auf seiner Couch und sah fern. Eine Stunde später hörte er die Meldung in den Nachrichten:

Ein bisher unbekannter Täter hat heute den Pädophilen Mayer Anton in Erding mit einem Kopfschuss vor seinem Geschäft getötet. Mayer stand vor zwei Jahren wegen der Entführung und der mehrfachen Vergewaltigung des siebenjährigen Elias Hüttner vor Gericht, wurde aber aufgrund eines Verfahrensfehlers vom Gericht freigesprochen. Die Polizei bittet die Bevölkerung um Hinweise!

* * *

Als Tobias Hüttner diese Meldung hörte, lief es ihm eiskalt über den Rücken. Er konnte nicht sagen, ob Freude oder Furcht der Auslöser für dieses Glücksgefühl waren. Er rief seine Frau, zeigte auf den Fernseher und nahm sie in die Arme. „Wir brauchen keine Angst mehr vor diesem Mann zu haben. Der wird nie wieder irgendeinem Kind etwas antun!"

„Hol das Geld aus dem Keller und leg es wie ausgemacht an den vereinbarten Platz", sagte seine Frau. „Dieser Fremde macht mir Angst, aber es ist gut, was er für uns und Elias getan hat!"

Hüttner ging in den Keller und nahm ein Kuvert mit zehntausend Euro aus der alten Kiste. Es waren fast ihre gesamten Ersparnisse, aber diese eben erfahrene Genugtuung konnte man nicht mit Geld aufwiegen. Hüttner ging zu seinem Auto und fuhr über Rosenheim in Richtung Flintsbach. Dort bog er von der Autobahn ab und kam kurz darauf an dem mächtigen, neben der kleinen Kapelle stehenden Baum vorbei. Er stellte sein Fahrzeug auf den nahen Parkplatz und ging den Fußweg zurück bis zur Kapelle. Wie es der Fremde gesagt hatte, ließ sich ein dort liegender großer Stein aufheben. Darunter befand sich ein senkrecht in den Boden eingelassenes

Plastikrohr, in dem er das Kuvert mit dem Geld deponierte. Ein letzter Blick in die Runde sagte ihm, dass niemand ihn dabei beobachtet hatte. Hüttner lief zurück zu seinem Fahrzeug, stieg ein und fuhr nach Hause zu seiner Frau. Er hoffte, dass er diesen unheimlichen Fremden nie wieder zu Gesicht bekommen würde.

Genau in diesem Moment löste sich eine Gestalt vom nahen Waldrand. Tom hatte während Hüttners An- und Abfahrt die Umgebung genauestens beobachtet. Erst als er sich sicher war, dass niemand Hüttner verfolgt oder beobachtet hatte, fuhr er auf seinem Mountainbike zur Kapelle, sah sich kurz um, hob den Stein an und nahm das Kuvert an sich. Natürlich nahm er auch das Rohr mit, packte alles in den mitgebrachten Rucksack und verließ den Ort so unauffällig, wie er gekommen war. Tom zählte das Geld nicht nach. Es ging ihm nicht so sehr ums Geld. Damit sollen die Opfer nur zeigen, dass ihnen ihre Rache etwas wert war. Für ihn zählte nur die Genugtuung, den Täter der gerechten Strafe zugeführt zu haben, welche das Gericht nicht aussprechen konnte.

Zuhause angekommen ging Tobias Hüttner in das sanft beleuchtete Kinderzimmer. Elias lag in seinem Bettchen und schlief. In seinem Arm lag sein alter zerfranster Teddy, an den sich Elias kuschelte. Seit dem Vorfall konnte der Junge nur mehr bei Licht einschlafen. Immer wieder schrie er nachts und wimmerte, bis er, Elias' Vater, oder seine Frau kamen, um den Jungen zu trösten. Tobias setzt sich neben das Bett auf den Boden und betrachtete seinen Sohn. Tränen rannen ihm über die Wangen und eine Gänsehaut überkam ihn. Er weinte seinen ganzen Schmerz hinaus. Als ihn seine Frau wenig später suchte, fand sie ihn schlafend vor Elias' Bettchen. Sie lächelte und deckte ihn mit einem Laken zu. In diesem Moment wusste sie, dass es richtig gewesen war, dem Fremden zu vertrauen.

ZWEI JAHRE ZUVOR – AUGUST 2010

Der Geräuschpegel im Gerichtssaal glich eher dem einer Bahnhofshalle. Während überall im Raum lautstarke Gespräche ausbrachen, sackte Elias' Mutter plötzlich zusammen und fiel vom Stuhl. Der Anwalt der Hüttners konnte ihren Sturz gerade noch mildern. Einige Gerichtsbeobachter kümmerten sich um die Frau und verständigten die Rettung.

Tobias Hüttner verstand die Welt nicht mehr. Dieses Monster, das seinen Sohn so brutal misshandelt, beinahe sein Leben ausgelöscht und ihm bleibende körperliche und sicher auch seelische Schäden zugefügt hatte, sollte ganz und gar unbeschadet diesen Gerichtssaal verlassen? Hilfesuchend sah Hüttner erst zum Ankläger und dann zum Richter hinüber. Beide schauten betreten zu Boden und zuckten mit den Schultern. Ihm wurde schlecht. Nachdem er sich vergewissert hatte, dass seine Frau gut betreut wurde, rannte er hinaus auf den Gang zu den Toiletten. Er kam bis zu den Waschbecken, hielt sich mit beiden Händen daran fest und übergab sich, bis nur mehr gelber Schleim aus seinem offenen Mund quoll.

Der Unbekannte tauchte so plötzlich neben ihm auf, dass Hüttner zusammenzuckte. Im Spiegel sah er einen großgewachsenen Mann mit kurzen dunklen Haaren. Und vollkommen durchtrainiert, wie er bei einem zweiten Blick feststellte. Der Mann war unauffällig gekleidet, und dennoch ging etwas Unheimliches von ihm aus. Was Hüttner noch auffiel, waren seine Augen. Sie waren ständig in Bewegung, schauten permanent in alle Richtungen.

„Ich kann Ihnen helfen", sagte der Fremde. Wenn Sie daran interessiert sind, dass diesem Schwein Gerechtigkeit widerfährt, dann kommen Sie morgen präzise um sechzehn Uhr und ohne Begleitung an den Ort, den ich auf diesem Zettel notiert habe." Er steckte Hüttner ein kleines Blatt Papier zu. „Keine Fragen, keine Polizei. Eine zweite Möglichkeit werde ich Ihnen nicht bieten. Haben Sie das alles verstanden?"

Hüttner wollte den Fremden etwas fragen, aber so plötzlich, wie er erschienen war, verschwand er auch wieder. Hüttner setzt sich auf den Boden, stützte die Hände gegen die Stirn, betrachtete den Zettel und dachte nach. Noch bevor er zurück in den Gerichtssaal ging, hatte er einen Entschluss gefasst ...

* * *

Hauptkommissar Jochen Beigel vom Münchner Landeskriminalamt hatte seine vier besten Männer in sein Büro bestellt und eine außertourliche Besprechung anberaumt.

„Männer", begann er, „wir haben ein ernstes Problem. Die Pressefritzen haben sich wie Haie auf die Story von dem erschossenen Kinderschänder gestürzt. Irgendein Journalist hat ein Foto von dem Toten gemacht, bevor unsere Männer am Tatort waren. Da, schaut euch mal diese Überschriften an! Die Bildzeitung schreibt: ‚Irrer Rächer erschießt Pädophilen', das Münchner Stadtblatt: ‚Endlich Gerechtigkeit!' und der Stern: ‚Staat versagt, Killer übernimmt!' Das BKA macht bereits Druck, das Justizministerium hat keine Freude, die Presse ist extrem lästig, und wer sonst noch alles angerufen hat, mag ich gar nicht erwähnen!" Beigel war im Grunde ein äußerst ruhiger Chef, den selten etwas aus der Reserve lockte.

Maik meldete sich als Erster. „Wir haben es hier offensichtlich mit einem Profi zu tun. Der Schütze hat aus einem alten Abbruchhaus geschossen. Die Entfernung betrug knapp unter hundert Meter. Die meisten polizeilichen Scharfschützen haben ihr Gewehr auf diese Distanz eingeschossen. Wir haben mit Max von der Tatortgruppe gesprochen. Das Zimmer, aus dem geschossen wurde, war klinisch sauber. Keine einzige verwertbare Spur. Keine Hülse, keine Haare, kein Fingerabdruck, kein Urin, nichts! Niemand hat irgendetwas gehört oder gesehen. Vermutlich wurde ein Schalldämpfer benutzt. Das Café schräg gegenüber von Mayers Geschäft war zum Tatzeitpunkt gut besucht. Geflüchtet ist der Täter vermutlich über den Hinterhof. Auch hier keine Zeugen. Und nicht zu vergessen der präzise Treffer genau unter der Nasenwurzel! Kollegen, das war ein ausgebildeter Scharfschütze."

Hans, der einzige Ur-Bayer in der Truppe, grinste. Maik, der früher seinen Dienst bei der GSG9 versehen hatte, hatte in der Vergangenheit mit seinen Mutmaßungen fast immer richtig gelegen. Beim Abseilen am Tau von einem „Super Puma"-Hubschrauber war er gegen eine Betonsäule gekracht und hatte sich mehrere Wirbel gebrochen. So war er über Umwege zum LKA Bayern gekommen. Eine glückliche Fügung hatte ihn in Beigels Team gespült.

„Also kümmern wir uns erst mal um die Scharfschützen beim Bund und bei der Polizei?", wollte Willi wissen. Willi war der Jüngste im Team. Immer für jeden Streich zu haben. Noch etwas unerfahren, aber willig, Neues zu lernen. Und er war gut. Jeder Auftrag wurde penibel und zügig ausgeführt. Frank gab zu bedenken: „Nach diesem Prozess gibt es allein in Deutschland Tausende mögliche Verdächtige! Jeder normal denkende Bürger wird die Tat gutheißen. Ihr wisst ja, wie unser System in diesem Fall versagt hat."

Ja, das wussten sie. Ein kleiner Ermittler hatte Mayer im Verhör so lange geschlagen, bis er alles zugegeben hatte. Und natürlich war dies erst im Laufe des Prozesses durch diesen schleimigen Verteidiger ans Licht gekommen. Zwei weitere Verfahrensfehler hatten den unglaublichen Freispruch ermöglicht. Beigel schaute in die Runde und wusste, dass er sich auf diese feine Truppe verlassen konnte. Maiks Überlegungen kamen den seinen schon recht nahe. Er würde auch die Scharfschützen der SEKs in die Liste der Verdächtigen aufnehmen wollen, aber da konnte man schon in ein Wespennest stoßen. Er kannte der Leitenden dieser Truppe, Jupp Hessmann. Und er hatte bereits in vielen Fällen auf dessen Leute zurückgegriffen. Sie waren das Beste, was man in Bayern bekommen konnte. Und dann waren da noch die Jäger oder die selbst ernannten Rächer. Vielleicht hatte sich da einer profilieren wollen. „Also, Männer", sagte er, „Maik und Willi übernehmen den Bund und die Polizei, Frank und Hans die allgemeinen Erhebungen. Und ich führe alles zusammen und kümmere mich um meine Freunde beim SEK. Außerdem schaue ich mir mal den Vater des Jungen an. Der hätte verständlicherweise das beste Motiv."

* * *

NACH DEM PROZESS
IM AUGUST 2010 ...

Am Tag nach dem Prozess hatte Hüttner seiner Frau im Bett von dem Fremden in der Toilette erzählt. Sie hatte wimmernd in seinen Armen gelegen und hatte es immer noch nicht fassen können, was im Gerichtssaal abgelaufen war. Zitternd und schluchzend hatte sie ihm zugehört und kurz vor dem Einschlafen geflüstert: „Geh zu ihm! Was immer er will, mach es. Ich will, dass unser Sohn gerächt wird!" Sie hatte ihn dabei mit einem Blick angesehen, der ihn erschauern ließ.

Um fünfzehn Uhr des nächsten Tages stieg er in sein Auto und fuhr auf der Autobahn bis zum McDonald's am Irschenberg. Zehn Minuten vor vier setzte er sich auf die kleine Bank am Ende des Spielplatzes. Es begann leicht zu tröpfeln. Er zog die Kapuze über den Kopf und wartete. Er hörte ihn nicht kommen und sah ihn auch nicht. Eine kräftige Hand legte sich auf seine Schulter und drückte ihn auf die Bank. „Schau mich nicht an und schau mir nicht nach. Keine Fragen! Wenn ihr, du und deine Frau, wollt, dass dieses Arschloch für immer verschwindet, erledige ich das auf meine Weise. Lasst es mein Problem sein, wann es passiert. Vielleicht morgen, vielleicht in einem Monat oder auch in einem Jahr. Du wirst das Ergebnis meiner Tat über die Medien erfahren. Und an genau demjenigen Tag wirst du zehntausend Euro in ein Kuvert legen und nach Flintsbach fahren. Kurz hinter der Autobahnabfahrt wirst du neben einem großen Baum eine kleine Kapelle rechts neben der Straße sehen. Der große Stein daneben lässt sich anheben. Leg das Geld in das Rohr, das sich darunter verbirgt. Wenn du damit einverstanden bist, sag jetzt einfach Ja. Wenn nicht, gehe ich, und du wirst dieses Gespräch vergessen. Solltest du nach unserem

Deal jemandem von dieser Sache erzählen, töte ich dich. Wie lautet deine Entscheidung?"

„Ich ..."

„Ja oder nein!"

Hüttner zitterte. Zehntausend Euro waren auch für ihn viel Geld. Er erinnerte sich an die Worte seiner Frau: „Alles, was er will", hatte sie gesagt. Also antwortete er: „Ja."

„Gut!", sagte der Fremde.

Hüttner drehte sich nicht zu ihm um, sondern stand auf und ging direkt zu seinem Fahrzeug.

* * *

Tom fuhr in seinem offenen blauen BMW über die gewundene Landesstraße zur Arbeit. In einer Garage hatte er das Fahrzeug seines Freundes in mühevoller Kleinarbeit neu lackiert und die Sitze von einem Sattler mit einem hellen Leder überziehen lassen. Die Tage, an denen er sein heißgeliebtes Cabrio nutzen konnte, waren selten geworden. Meistens war er ausgerechnet an den sonnigen Tagen im Dienst. Die Stereoanlage lief mit voller Lautstäke. „Radioctive" von Imagine Dragons war im Moment einer seiner Lieblingssongs. Heute war Ausbildungstag bei seiner Einheit, dem SEK Südbayern. Das hieß, dass heute Walter, der Nahkampfausbilder, alles aus ihnen herausholen würde. Aber zuerst musste Tom sich noch durch den Münchner Frühverkehr quälen. An einer roten Ampel kam er neben einem roten Porsche Panamera zum Stehen. Die etwas ältere attraktive Blondine hinter dem Steuer lächelte ihn an. Ihr rotes Kleid hatte einen tiefen Ausschnitt. Das Haar war seitlich zu Zöpfen geflochten und hochgesteckt. So konnte er ihre schönen goldenen Ohrringe sehen. Sie war etwas zu stark geschminkt und ihre Lippen schimmerten in der Morgensonne. Sein Mund wurde trocken. Tom war diese Art von Blick gewohnt. Ein junger, gutaussehender, durchtrainierter Mann,

17

der wie er Selbstbewusstsein ausstrahlte, war für Frauen wie diese Blondine eine Verlockung. Er lächelte und ließ seine weißen Zähne strahlen. Als die Ampel auf Grün schaltete, winkte sie ihm zu, zog einen Schmollmund und bog nach rechts in Richtung Zentrum ab.

Tom lächelte noch, als er in den Innenhof des Münchner Polizeipräsidiums fuhr. Im Umkleideraum vor dem Turnsaal traf er auf die ersten Kollegen seiner Gruppe. Stefan, einer seiner Lieblingspartner im Ring, hatte sich bereits umgezogen und war gerade dabei, einen neuen Mundschutz anzufertigen. Du wirst ihn heute brauchen, dachte sich Tom und freute sich auf die anderen. Sie waren eine Gruppe von acht Kollegen, ein eingeschworenes Team im Alter von sechsundzwanzig bis vierunddreißig Jahren. Sie hatten unzählige gemeinsame Einsätze hinter sich und jeder von ihnen konnte sich zu hundert Prozent auf die anderen verlassen. Hubsi, Zogi und Haggi bearbeiteten bereits den Plastikdummy mit ihren Boxhandschuhen. Fred, der Riese, zog sich zum wiederholten Male an einer Reckstange hoch und hatte sogar noch die Energie, einen blöden Scherz nach hinten zu schicken. Dominic, Hannes und Markus, die Jüngsten, lagen auf dem Boden und erzählten sich die amourösen Abenteuer vom letzten Wochenende.

Pünktlich wie immer erschien Walter. Walter war ein Ungetüm von einem Mensch. Seine hundert Kilo bestanden aus reiner Muskelmasse. Er hatte seit einer Woche einen neuen Zwei-Millimeter-Haarschnitt. Aus seinem schwarzen Trägershirt quollen zwei gewaltige Oberarme und die Adern an seinen Unterarmen traten wie kleine Schläuche hervor. Er trug seine kurze „Venum"-Hose (die wirklich giftgrün aussah!) und wie immer seine abgetragenen uralten halbhohen Adidas-Boxschuhe. Auf den ersten Blick sah er träge und gemütlich aus, aber das täuschte. Walter stammte aus einer einfachen

Bauernfamilie. Bereits als Kind hatte er auf dem elterlichen Hof hart arbeiten müssen. In seiner Jugendzeit waren er und sein Bruder bei den diversen Zeltfesten gefürchtet gewesen. Über dieses Duo kursierten die wildesten Geschichten. Als Zimmermannslehrling hatte Walter ohne Unterstützung Dachbalken über die Dächer getragen, an welchen die anderen Lehrlinge sogar zu viert gescheitert waren. Für seine massige Gestalt war sein Körper unglaublich flexibel, er ging mit Leichtigkeit in den Spagat und war bisher im Training beim Sparring noch nie von einem SEK-Angehörigen besiegt worden. Er war mehrfacher Deutscher Meister im Taekwondo, hatte an Free-Fight-Bewerben teilgenommen und beim österreichischen „Ranggeln" den Ösi-Meister alt aussehen lassen. Walter beherrschte mehrere asiatische Kampfsportarten, Stöcke genauso gut wie Messer, und hatte es sich zum Ziel gemacht, den „Luschen", wie er seine „Untergebenen" nannte, das Kämpfen beizubringen.

„Leute", fing er an, „wir wärmen uns jetzt mit Tom ein wenig auf und dann widmen wir uns den Würgetechniken. Die Hebel sollten wir auch mal wieder üben und am Nachmittag werden wir mit den Messern arbeiten. – Noch Fragen?"

Tom, der Älteste unter ihnen, übernahm die Gruppe, die er innerhalb weniger Minuten mit einem Kraftzirkel auf Betriebstemperatur hatte. An Tom demonstrierte Walter den normalen Würgegriff. Schon nach drei bis vier Sekunden sah Tom Sterne und Walter, den sie den „MOG" – Mann ohne Gefühl – nannten, ließ ihn bewusstlos zu Boden gleiten. Bei den anschließenden Hebeltechniken schrien die Männer binnen Sekunden ihren Schmerz heraus. Walter war ihnen unheimlich. Den Kraftunterschied zwischen ihm und jedem der anderen Kollegen konnten sie in der Folge bei den Übungen, die sie mit wechselnden Partnern durchführten, feststellen. Dennoch war Walter nach einigen Einheiten mit den Ergebnissen zufrieden.

Sie schufteten den ganzen Vormittag und aßen dann in der Polizeikantine zu Mittag. Die Kantine im LKA galt als die beste im ganzen Land. Die Männer ließen sich das Brathuhn mit Kartoffelsalat schmecken und hatten auch noch für den Apfelstrudel Platz, den es zum Nachtisch gab.

Kurz nach ein Uhr ging es wieder zur Sache. Walter teilte einige Übungsmesser aus. Er und Fred führten mehrere sogenannte „Schnittmuster" für Messerkämpfer vor. Eine kleine Finte mit der linken Hand, ein schneller Schritt nach vorn – und schon zog Walter Fred sein Plastikmesser quer über die Stirn. „Das macht den Angreifer blind, da er sehr stark bluten wird!", meinte er lapidar. Dann duckte er sich schnell nach vorn und schnitt Fred zweimal über die Innenseite seiner Oberschenkel. „So, und das öffnet ihm seine Arterien und wird ihn ausbluten lassen!" Während alle auf Fred starrten, ließ Walter sein Messer zweimal über dessen Brust schnellen und finalisierte sein Werk.

Die nächsten Stunden übten sie mit sogenannten „Shock knives". Diese Messer erzeugen bei Berührung am Gegner einen elektrischen Impuls, welcher einen realistischen Schmerz wie bei der Verletzung durch ein Messer verursachte.

Tom war nicht bei der Sache und wurde mit jeder Übung ungeduldiger. Er hatte heute noch etwas Wichtiges zu erledigen und hoffte, dass Walter das Training bald beenden würde. Kurz vor vier Uhr war es dann so weit. „Gehen wir noch auf einen Kaffee, Jungs?", fragte dieser.

Während die Truppe sich vor dem Kaffeeautomaten einfand, eilte Tom in die Dusche.

* * *

Der Ex-Banker Joachim Becher saß in seiner Zelle im Hochsicherheitstrakt von Straubing. Er lächelte vor sich hin. Nach nur drei Jahren wartete am Freitag endlich die Freiheit auf ihn. Er würde wieder in sein Leben voller Luxus, Partys, Nutten, Reisen und Golf eintauchen und nur wenige würden sich an jenen verhängnisvollen Tag vor dreieinhalb Jahren erinnern ...

Er hatte sich bei einer jener legendären Feten, die er und seine Banker-Kollegen auf ihren Anwesen oder Yachten gaben, zusammen mit seinem Kollegen Meyer eine Kellnerin geschnappt. Diese kleine Nutte schlug ihr großzügiges Geldangebot für schnellen Sex aus. Da sie aber die am besten aussehende Frau des Abends war, zerrten sie sie in eine Bootshütte am Strand und verpassten ihr dort eine Lektion. Zugedröhnt mit hochwertigem Kokain, welches auf ihren Partys immer zur Verfügung stand, fickten sie die Kellnerin abwechselnd. Sie schlugen, würgten und demütigten sie. Als sie nicht aufhörte zu weinen, würgte Becher sie so lange, bis sie endlich still war. Dann schliefen er und sein Kollege im Drogenrausch ein und erst das Schreien der Putzfrau und die kurz darauf eintreffenden Beamten ließen sie realisieren, was passiert war. Die Kleine, die unglücklicherweise eine Adoptivtochter der Gräfin von Trautheim gewesen war, lag tot auf dem Boden. Die Gräfin sorgte daraufhin für ein gewaltiges mediales Aufsehen. Becher und Meyer wurden angeklagt und trotz der besten Anwälte nach einem sechsmonatigen Verfahren für den Mord verurteilt. Die Bank entließ beide unverzüglich. Meyer erhängte sich nach vier Tagen in seiner Zelle. Dieser Weichling hatte sich vor den anderen Mitgefangenen gefürchtet, vermutete Becher. Er selbst hatte von Anfang an gespürt, dass die Sexualstraftäter, die ebenfalls in dieser Justizanstalt einsaßen, der letzte Dreck waren. Also hatte er seine Beziehungen und sein Geld spielen lassen und konnte seitdem in einer recht komfortablen Einzelzelle seine Tage mit Fernsehen und Lesen absitzen, ohne Angst vor Übergriffen durch Mitgefangene haben zu müssen.

Sein neuer Anwalt deckte einige Fehler auf, die den Behörden bei den Untersuchungen unterlaufen waren. Es kostete ihn eine Menge Geld – und davon hatte er mehr als genug auf diversen Konten im Ausland liegen –, mehrere Beamte zu bestechen, um an Beweise aus den Asservatenkammern zu kommen und diese zu manipulieren. Dann beantragte sein Anwalt die Wiederaufnahme des Verfahrens und diesem Antrag wurde stattgegeben. Mit den neuen Beweisen war es ein Leichtes, die gesamte Schuld an dieser Sache dem nunmehr toten Kollegen in die Schuhe zu schieben. Obwohl ein Aufschrei durch die Presse ging, war die Sache gelaufen. Die Stiefmutter der Kellnerin schrie und spuckte ihn vor Gericht an, woraufhin er ihr ins Gesicht lächelte und sich vorstellte, sie so zu ficken, wie er ihre Tochter gefickt hatte. Er war ein Schwein, das wusste er, aber dieses unbeschreibliche Gefühl von Macht erfüllte ihn – ein Gefühl, das ihn immer dann überkam, wenn er eine dieser bescheuerten Nutten benutzte.

Was er zu diesem Zeitpunkt nicht wusste, war, dass die Mutter der Kellnerin bereits Besuch von dem unheimlichen Fremden gehabt hatte. Lydia von Trautheim hatte Silvia, die zu der Zeit in einem Heim lebte, adoptiert, nachdem ihre Ehe mit Graf Trautheim kinderlos geblieben war. Graf von Trautheim war mit fünfundfünfzig Jahren viel zu früh einem Krebsleiden erlegen. Obwohl ihre Stiefmutter über ein gewaltiges Vermögen verfügte, hatte Silvia nach dem Gymnasium darauf bestanden, mit Gelegenheitsjobs als Kellnerin ihr Studium zu finanzieren. Der Job bei der Bankerparty jedoch hatte dieses lebenslustige und unglaublich hübsche Mädchen das Leben und ihre Stiefmutter den Lebenswillen gekostet. Während der vielen Verhandlungstage dachte die Gräfin mehrere Male daran, eine der unzähligen Waffen ihres Mannes mit in den Gerichtssaal zu bringen und diesen Joachim Becher einfach abzuknallen. Doch dazu war sie zu schwach. Als Becher und Meyer zu jeweils zwanzig Jahren Gefängnis verurteilt wurden, ging es ihr ein wenig besser, aber ohne ihren Sonnenschein war ihr Leben eine Farce. Sie zog sich aus dem Münchner Gesellschaftsleben zurück und begann damit, sich um Bedürftige zu kümmern. Als sie über Bekannte von der Wiederaufnahme des Verfahrens gegen Becher und in der Folge über dessen mögliche Freilassung hörte, brach ihre Welt neuerlich zusammen. Stundenlang saß sie im Zimmer ihrer geliebten Silvia. Der Raum befand sich noch immer in dem Zustand, in dem Silvia ihn am Nachmittag vor ihrer Ermordung verlassen hatte. Lydia schaute sich die wunderschönen Familien- und Urlaubsfotos an der Wand an und weinte, bis sie auf Silvias Bett einschlief. Sie erwachte erst kurz vor zehn Uhr am nächsten Vormittag. Im Spiegel ihres Badezimmers blickte sie in das Gesicht einer alten Frau. Einer Frau, die dennoch sehr hübsch war. Mittags ging sie wie gewohnt zu ihrer Lieblingskrämerin und kaufte ein. Ein großgewachsener und sympathischer junger Mann, der sich gerade im Laden aufhielt, bot ihr an, ihre Einkäufe zum Wagen zu bringen. Trotz des warmen Wetters trug er einen Mantel, und auch die Sonnenbrille wirkte unpassend. Und dann, ganz plötzlich, sprach dieser Mann die Gräfin mit ihrem Namen an und bot ihr an, das Problem „Becher" zu beseitigen, wenn dieser das Gefängnis verlassen habe. Zuerst verstand sie nicht, wie dieser Mann auf sie gekommen war, aber als er den fiesen Anwalt Müssing erwähnte, welcher die vermutlich gefälschten Beweise vor Gericht gebracht hatte, wurde sie hellhörig. Entgegen ihren normalen Gewohnheiten bat sie ihn, in ihren Wagen zu steigen und eine Runde mit ihr zu fahren. Sie war sich plötzlich sicher, dass sich ihr hier die einzige Möglichkeit für Gerechtigkeit bot. Dieser Mann war kein Verrückter, das spürte sie. Er besaß eine unglaubliche Ausstrahlung und Selbstsicherheit. Er war ein Profi. Jede Bewegung wirkte souverän, seinen Blick jedoch hielt er stets leicht abgewandt.

„Frau Gräfin", sagte er, „ich habe seit der Ermordung Ihrer Tochter jeden Schritt des Prozesses verfolgt. Becher wird in Kürze freikommen und wieder in seine alte Welt eintauchten. Dort herrschen Korruption, Geld und Missachtung aller Gesetze. Ich kann und werde das verhindern. Der Anwalt von Becher, Müssing, hat mit seiner bewussten Fälschung von Fakten und Beweisen dafür gesorgt, dass ein Mörder freikommt. Ich schlage Ihnen vor, dass ich auch dieses Problem lösen werde. Ich möchte nur eines von Ihnen: Bestätigen Sie mir, dass Sie das wollen, und wenn ich die Sache erledigt habe, werden Sie mir nach meinen Angaben zehntausend Euro übergeben. Das Geld wird meine Spesen decken."

Gräfin von Trautheim zögerte keine Sekunde. „Wann wollen Sie es tun und wie werde ich davon erfahren?"

„Die Medien werden davon berichten. Hier, ich gebe Ihnen diese rote Kerze."

Ihr fiel auf, dass der junge Mann Plastikhandschuhe trug.

„Sie ist innen ausgehöhlt. Stecken Sie das Geld in Fünfhundert-Euro-Scheinen zusammengerollt in die Kerze und geben Sie sie in die rechte Laterne am Grab Ihrer Tochter. Ich weiß, dass Sie dieses Grab regelmäßig besuchen. Ich werde es irgendwann abholen. Passen Sie auf, dass niemand Sie dabei beobachtet. Und sprechen Sie nicht über unser heutiges Zusammentreffen. Es hat nie stattgefunden, wenn Sie verstehen, was ich meine! Sie können mich jetzt hier aussteigen lassen. Ich gehe zu Fuß zurück."

Sie sah ihm noch lange im Rückspiegel nach und überlegte: Was brachte einen attraktiven jungen Mann dazu, etwas so Unglaubliches anzubieten? Trotz eines leisen Unbehagens war sie froh, ihn unter diesen Umständen getroffen zu haben. Wenn die Gerichte derart versagten, wer sollte dann in dieser grausamen Welt für Gerechtigkeit sorgen? Man würde sehen ...

* * *

24

Müssings Tag war anstrengend gewesen. Bis zum späten Abend hatte er mit der Staatsanwaltschaft und dem Gericht noch mehrere Verhandlungen geführt. Wenn sein Klient morgen freigelassen werden würde, war seine Zukunft gesichert. Becher hatte ihm vor Beginn seiner Bemühungen ein Honorar von drei Millionen Euro versprochen, sollte er erfolgreich sein. Nach Abzug der im Voraus bezahlten Bestechungsgelder würde immer noch genug für ein Upgrade in seinem verpfuschten Leben übrig sein. Seine Frau hatte ihn nach mehreren mageren Jahren verlassen. Zudem hatten aufgrund seiner Beziehungen zur Münchner Unterwelt die Aufträge finanzstarker Kunden nachgelassen. Becher hingegen hatte einen fiesen Schwindler und Betrüger gebraucht. Wer außer ihm hätte es geschafft, die Spermaspuren der beiden Verurteilten zu vertauschen und die Putzfrau zu einer nachträglichen Falschaussage zu bewegen? Er hatte sich sogar dazu hinreißen lassen, diese alte Frau zu beglücken, damit sie keinen Rückzieher machen würde. Ihm grauste bei dem Gedanken an ihr schwabbliges Fleisch. Schnell stieg er die paar Stufen zu seinem kleinen Appartement hinauf. Die Außenbeleuchtung war schon wieder defekt. Aber etwas anderes konnte er sich bis morgen nicht leisten. Sein Haus hatte nach der Scheidung seine Ex bekommen. Mittlerweile bewohnte sie es mit seinen Kindern und ihrem Scheidungsanwalt. Welch eine Ironie!

Er öffnete die Sicherheitsschlösser, die er wegen der vielen Einbrüche in Hasenbergl hatte anbringen lassen. Was er nicht wissen konnte, war, dass sein Albtraum bereits in seiner Wohnung auf ihn wartete.

* * *

Tom war nach dem Training beim SEK in den Münchner Vorort gefahren. Den Anwalt hatte er, wie er es immer mit seinen „Klienten" tat, bereits lange vorher beschattet. Den Wohnort zu eruieren war meist kein Problem. Die Gewohnheiten und Tagesabläufe jedoch waren eine langwierige Arbeit. Diese Erhebungen mit seinen unregelmäßigen Diensten zu koordinieren, war nicht immer leicht. In diesem Fall kam auch noch der Zeitdruck durch die morgige vorzeitige Entlassung Bechers hinzu. Becher würde nicht das Problem sein, um den hatte sich Tom bereits im Vorfeld gekümmert. Er hatte im Erdgeschoss von Müssings Appartement ein gekipptes Fenster entdeckt. Mit einem kleinen Plastikrohr, welches er an beiden Enden mit einer kurzen Angelschnur versehen hatte, fixierte er durch den Spalt des geöffneten Fensters den Griff an der Innenseite. Dann führte er die längere Seite der Angelschnur über die Oberkante des Fensters bis an die Seite mit den Angeln. Mit einem kleinen Saugnapf schloss er das Fenster. Durch das Ziehen an dem längeren der beiden Angelschnüre konnte er nun den Kipphebel im Inneren des Fensters nach unten ziehen, sodass es aufschwang. Tom kletterte hinein, schloss das Fenster und kippte es anschließend wieder in die ursprüngliche Stellung zurück. Er wischte über das Fensterbrett und achtete penibel darauf, keinerlei Dinge zu berühren.

Mit seiner Arbeit zufrieden, suchte er sich ein Versteck in der Nähe der Eingangstür. Als Müssing diese öffnete, machte sich Tom bereit. Er trug Blue Jeans und einen dunklen Rollkragenpullover. Über sein Gesicht hatte er sich eine Kopfmaske gestülpt und natürlich trug er wie immer seine Handschuhe. Die Turnschuhe waren Massenware und eine Nummer zu klein. Er wechselte die Schuhgrößen regelmäßig, damit es zwischen den einzelnen Fällen keine Zusammenhänge gab. Müssing entledigte sich seines Mantels. Seine Schuhe streifte er im Gehen ab und ließ sie einfach in der Mitte des Ganges liegen. Ein Luftzug strich durch das Wohnzimmer. Müssing bemerkte das gekippte Fenster, durchquerte den Raum und schloss es. Dann legte er sein Sakko ab, schmiss es über das Sofa und setzte sich im verschwitzten, fleckigen Hemd vor seinen Computer. Schon bald öffnete er eine seiner favorisierten Seiten und ergötzte sich an den Abbildungen gefesselter nackter Frauen. Er ahnte Toms Anwesenheit nicht und fühlte nicht, dass dieser sich ihm leise von hinten näherte. Müssing spürte einen plötzlichen Riss an seinen Haaren. Sein Kopf schnellte nach hinten. Tom umschloss den nunmehr freiliegenden Hals mit seinem rechten Arm. Mit der Hand umschlang er den gespannten Bizeps seines linken Armes und unterbrach somit die Luftzufuhr des Anwalts. Um jede Gegenwehr auszuschließen, drückte er seinen Kopf hart gegen den von Müssing. Diesen Würgegriff hatte er schon Hunderte Male trainiert und zur Überwältigung von Straftätern angewandt. Diesmal hatte diese Situation aber etwas Finales, Endgültiges. Alles im Kopf des Anwaltes schrie nach Luft, welche er aber nicht mehr bekam. Durch den Druck, den Tom auf die seitlichen Karotiden ausübte, unterbrach er auch die Blutzufuhr ins Gehirn. Die Ohnmacht erlöste Müssing in weniger als vier Sekunden. Tom verharrte für eine weitere Minute in dem eisernen Griff. Danach war er sich sicher, dass der Anwalt nie mehr aufwachen würde. Es hatte nicht einmal einen Kampf gegeben. Gut so. Aber es war noch nicht zu Ende. Tom würde verhindern müssen, dass der Anwalt vor der Freilassung Bechers gefunden wurde. In der Abstellkammer fand er ein kleines Stück Holz. Dieses klemmte er so zwischen die Eingangstür und die offene Badezimmertür, dass dadurch der Eingang komplett blockiert wurde. Niemand würde von außen ohne rohe Gewalt eindringen können. Auch nicht mit einem passenden Schlüssel. Da alle Vorhänge zugezogen waren, würde man den leblosen Körper des Anwaltes auch nicht durch Zufall entdecken. Dem Handy des Toten entnahm Tom die Batterie. Nachdem er alles, was einen Verdacht erregen könnte, klinisch gereinigt hatte, verließ er das Appartement am Marienweg auf dem gleichen Weg, wie er es betreten hatte. Schließlich wischte er auch das äußere Fensterbrett sauber. Fast hätte er den Punkt auf dem Fenster vergessen, welchen der Saugnapf hinterlassen hatte. Nachdem er dieses Detail erledigt hatte, ging er zu Fuß etwa zwei Kilometer zu einer Bushaltestelle. Der Bus, in den er wenig später einstieg, brachte ihn in Richtung seiner Wohnung.

* * *

„Und, was haben wir bis jetzt?", fragte Beigel Maik und Willi. Die beiden waren vor fünf Minuten in sein Büro gekommen und hatten einige Listen vor ihm ausgebreitet.

„Chef, die Bundeswehr war sehr kooperativ. Wir haben zwischenzeitlich das Geschoss in Mayers Geschäft gefunden. Es handelte sich um ein ‚.308 Sierra 168 Grain Hollow Point'-Geschoss. Die Spitze wurde leicht manipuliert, um eine größere Wirkung zu erzielen. Dieses Geschoss verwenden neben Polizeischarfschützen auch Jäger und Wettkämpfer. Beim Bund selbst verwenden sie normalerweise für das als Standardwaffe eingesetzte G 22 ein ‚7,62x67 Winchester Magnum'-Geschoss beziehungsweise für das G 82 eine 12,7x99-er-Serie. Wir haben Listen von allen aktuellen Scharfschützen des Bundes und deren Dienstpläne bekommen. Es wird eine Heidenarbeit, diese Leute zu überprüfen."

Frank und Hans hatten sich die Tatortarbeit, die Spurensicherung sowie die allgemeinen Ermittlungen vorgenommen. „Chef", sagte Frank, „wir haben die Bänder aller öffentlichen Kameras gesichtet. Der Tatort war klinisch sauber. Der Täter hatte Schuhgröße 46, ein gewöhnlicher Turnschuh mit unauffälligem Profil. Keine Zigarettenkippen, kein einziger Fingerabdruck, keine Hülsen, nichts. Der Täter wusste, worauf er zu achten hatte. Wie Max von der Spurensicherung bereits gesagt hat, muss der Täter einen Schalldämpfer verwendet haben. Den kann aber, wie wir wissen, jeder einigermaßen gute Büchsenmacher selbst herstellen. Der Kellner aus der Bar gegenüber hat den Toten als Erster bemerkt. Er war es auch, der in der Zentrale angerufen hat. Vermutlich wurde unser Funk von der Presse mitgehört, da zeitgleich mit der Rettung auch schon ein Reporter eintraf und das Foto schoss, welches in der Abendausgabe der Nachrichten zu sehen war."

„Wenn er sein Gewehr nach der Tat zerlegt hat, muss er mindestens einen Rucksack oder eine Tasche mitgehabt haben. Wenn nicht, was nicht auszuschließen ist, hat er es vielleicht irgendwo versteckt", warf Willi ein.

„Man merkt, dass du noch nicht lange im Geschäft bist, Kleiner", lästerte Maik. „Ein Profi wie unser Mann lässt nichts in der Nähe des Tatortes zurück. Der hat seine Waffe zerlegt oder im Ganzen mitgenommen und sie anschließend sicher gut versteckt. Was ist mit dir, Chef?", fragte er. „Hast du den Vater des Jungen gecheckt?"

„Ja, natürlich. Der hat ein hundertprozentiges Alibi für den gesamten Tattag. Er unterrichtet an einer Behindertenschule. Ich hatte aber das Gefühl, dass er bei der Befragung unsicher wirkte. Ich habe auch mit seiner Frau gesprochen. Sie scheinen beide erleichtert, dass dieses Monster nicht mehr am Leben ist. Sie besuchen mit ihrem Jungen dreimal die Woche einen Therapeuten. Laut der Mutter geht es nur langsam aufwärts."

„Und, Chef, was ist mit den SEKs?", wollte Frank wissen.

„Tja, die waren nicht sehr erbaut von meinem Besuch. Ihr wisst ja, wie das ist, wenn man den eigenen Leuten nicht traut. Aber ich bin am Montag zu einem Training bei den Scharfschützen eingeladen. Danach kann ich mir sicher ein besseres Bild von der Truppe machen."

„Pass nur auf, dass dich nicht einer von denen wegpustet!", lachte Hans.

Sie hatten also keine hilfreichen Anhaltspunkte. Zu diesem Zeitpunkt konnten sie auch noch nicht ahnen, was in Kürze auf sie zukommen würde!

* * *

Am vergangenen Mittwoch hatte Tom über einen guten Kollegen aus der Justiz von der voraussichtlich bevorstehenden Entlassung Bechers erfahren. Tom war seit Jahren auf alles scharf, was bei Gerichtsverhandlungen, in Strafverfahren und auf der Straße schiefging. Er dachte darüber nach, wie es dazu gekommen war ...

In jungen Jahren war er glücklich verheiratet gewesen. Er hatte seine Frau Nora und sein einjähriges Töchterchen Laura abgöttisch geliebt. Ein tragischer Vorfall hatte sein nunmehriges Leben geprägt. Der Sohn eines reichen Münchner Unternehmers, der im Ralleysport erfolgreich war, wollte eines Tages einer seiner zahllosen Freundinnen imponieren und verlor in seinem Ferrari mitten in der Stadt die Kontrolle über sein Fahrzeug. Er kam mit hoher Geschwindigkeit von der Straße ab und rammte Toms Frau und den Kinderwagen. Die kleine Laura war sofort tot. Nora überlebte die schweren Verletzungen nur mit Mühe und versank schließlich in eine schwere Depression. Aufgrund der bisherigen Unbescholtenheit des Fahrers, der guten Beziehungen seines Vaters und der Falschaussagen der Beifahrerin erging ein viel zu mildes Urteil: sechs Monate bedingt. Toms Frau Nora beging daraufhin Selbstmord. In Tom, der bis zu jenem Zeitpunkt an das Gute im Menschen und an Gerechtigkeit geglaubt hatte, ging etwas unwiederbringlich zu Bruch. Es dauerte lange, bis er einigermaßen in den Alltag und in sein Berufsleben zurückfand.

Die Sache mit Becher regte ihn so auf, dass er daran dachte, ihn während des Prozesses aus der Ferne mit einem Schuss zu erledigen. Er legte eine private Akte über ihn an. Er kannte jedes seiner Anwesen, seine Fahrzeuge, wusste von Mitgliedschaften in diversen Sport- und Golfclubs, brachte über einen bekannten Banker alles über seine Verbindungen auf die Cayman Islands in Erfahrung und kam schon im Vorfeld zu dem Entschluss, dass man in dieser Sache früher oder später etwas würde tun müssen. So ließ er sich für Becher etwas Nettes einfallen. Nach seiner Entlassung würde dieser mit hundertprozentiger Sicherheit zu seinem Haus in Prien am Chiemsee fahren. Das Anwesen hatte einen eigenen Seezugang und bestand aus mehreren Gebäuden und einer riesengroßen Garage, in welcher mehrere Luxussportwagen aller Marken parkten. Tom fuhr am Wochenende dorthin, um sich die Gegebenheiten vor Ort anzusehen. Die letzten fünfzig Kilometer legte er mit seinem Mountainbike zurück, denn erstens war es bei seinen Erhebungen unauffälliger und zweitens war er mit dem Rad flexibel und nicht auf videoüberwachte Parkplätze angewiesen. Bei seinen Erkundungen hatte er sein Handy nie dabei. Sollte ihn jemals jemand verdächtigen, würde mit Sicherheit ein Profil erstellt werden und man würde die Einloggpunkte seines Handys zu den Tatzeiten prüfen. Mit dieser Vorgehensweise ließen sich Gewohnheiten und Bewegungen von Serientätern erkennen. Tom notierte alle Einzelheiten des Anwesens, legte Skizzen an und bereitete sich, als er wieder zu Hause war, auf den eigentlichen Besuch vor ...

Heute war es so weit. Er hatte sein Fahrzeug weit weg von Bechers Anwesen geparkt und ging den restlichen Weg durch die Wiesen und den Wald zu Fuß. Er hatte einen kleinen Wanderrucksack mit den verschiedensten Utensilien dabei. Er konnte sich nicht erklären, wie es möglich war, dass ein verurteilter Mörder nach wie vor über ein derart riesiges Vermögen verfügen konnte. Das Anwesen wurde von einem Hausmeister und einem Gärtner perfekt in Schuss gehalten.

Tom näherte sich dem Haus gegen Mitternacht. Der Wachdienst hatte bereits vor einer Stunde eine Runde gedreht, hatte alle Hausschlösser kontrolliert und war nur einen halben Meter an dem perfekt getarnten Tom vorbeigegangen. Tom wusste, dass er nun mindestens drei Stunden Zeit bis zur nächsten Kontrolle haben würde. Da er gesehen hatte, dass auf dem Balkon im ersten Stock ein Fenster offen stand, würde er keine Tür knacken müssen. Auf dem manikürten Rasen unterhalb des Balkons lagen glücklicherweise schön aufgeräumt einige Leitern und Malerutensilien. Jemand war offensichtlich gerade dabei, einen Teil der Außenfassade des Gebäudes zu streichen. Er nahm sich eine der Leitern, lehnte sie an die Wand und kletterte flink daran hoch, bis er sich locker über die Brüstung fallen lassen konnte. Nachdem er durch das Fenster eingestiegen war, schlich er sich leise durch das Anwesen. Jemand anderes wäre von den Ausmaßen des Gebäudes und seiner Einrichtung überwältigt gewesen. Nicht so Tom. Den interessierte nur eines: Bechers Schlafzimmer! Als er am Ende des östlichen Flügels ein unglaublich großes marmornes Badezimmer mit einer im Boden eingelassenen Wanne durchquert hatte, fand er endlich, was er suchte. Bechers Bett war riesig und perfekt gemacht. Tom interessierte die Matratze. Seinem Rucksack entnahm er vier Splitterhandgranaten, einige Meter Angelschnur, vier kleine Holzkästchen mit seitlichen Löchern und vier Holzschrauben mit Öse. All das legte er fein säuberlich auf den Boden. Dann nahm er die Tagesdecke, die Polster und das Federbett sowie das Leintuch vom Bett und schnitt ein etwa menschengroßes Loch in die Matratze. Dicht daneben, auf Kopfhöhe und am Fußende, je zwei etwas kleinere, vierekkige Löcher. Dort hinein klemmte er die mitgebrachten Kästchen. In jedem Kästchen befestigte er eine der Handgranaten seitlich an der Holzwand. Dazu hatte er etwas Draht und Panzerklebeband vorbereitet. Mit einer kleinen Spitzzange zog er die umgebogenen Splinte der Handgranaten vorsichtig gerade. Dann befestigte er an jedem Splint ein zirka drei Meter langes Stück Angelschnur. Er kroch unter das Bett und drehte die vier Holzschrauben seitlich in den Holzrahmen. Vorsichtig zog er die Enden der Angelschnüre über das jeweils gegenüberliegende Ende der Matratze, führte sie von oben seitlich an der Matratze vorbei bis zu den Ösen und straffte sie einzeln mit unendlich viel Gefühl, bis die Splinte nur mehr ein klein wenig in den Granaten steckten. Er musste behutsam vorgehen. Schon ein leichter Druck auf eine der Schnüre würde einen der Splinte lösen. Der Bügel würde in dem kleinen Kästchen ungehindert herausfallen können und die entsprechende Granate würde mit einer Verzögerung von etwa eins Komma fünf Sekunden explodieren. Tom bezog das Bett wieder mit dem Leintuch und fixierte dieses unter dem Bett, sodass es die Last der Tagesdecke würde tragen können. Die Polster drapierte er so, wie er sie vorgefunden hatte. Schließlich stopfte er die herausgeschnittenen Teile der Matratze in einen mitgebrachten Sack. Dabei achtete er darauf, dass keine Reste liegen blieben, und erst, als ihm alles perfekt vorkam, verließ er das Anwesen unauffällig über die Leiter. Den Sack entsorgte er in einem öffentlichen Mülleimer mehrere Querstraßen vom Tatort entfernt. Nun war alles vorbereitet.

* * *

Becher würgte die Schwarzbrotscheibe mit dem lauwarmen Kaffee herunter. Das letzte Mal, dachte er sich. Ab morgen würde er wie früher in einem Hotel oder bei sich zu Hause am Chiemsee frühstücken. Er hatte seinen alten Hausmeister Manfred, die treue Seele, angewiesen, wieder ein Dienstmädchen einzustellen. Es sollte hübsch, jung und stets verfügbar sein. Da das Gehalt fürstlich war, sollte dies kein Problem darstellen. Das Dienstmädchen würde ihm das Frühstück bringen, und dann ...

Ja, nach drei Jahren in der Justizanstalt war es wie bei einem Drogenkranken auf Entzug. Wahrscheinlich würde er schon am heutigen Abend bei Sonja, einer Bekannten, die in München Grünwald einen Escort-Service betrieb, anrufen und etwas Williges, Versautes buchen. Er würde all seine in drei Jahren aufgestauten Fantasien bei ihr ausleben.

Die Zellentür öffnete sich und der Vollzugsbeamte trat ein. „Becher, Sie werden heute entlassen. Begeben Sie sich zur Entlassungsstelle im Erdgeschoss und fassen Sie Ihr Geld und Ihre persönlichen Sachen aus. Ich verstehe nicht, wie Sie das geschafft haben, und ich will es auch nicht wissen."

Becher stand auf, sagte nichts zu diesem Idioten, blickte noch ein letztes Mal zurück in seine Einzelzelle und atmete tief durch. Noch ein paar Minuten! Er bekam seinen Anzug, einige persönliche Dinge, eintausendvierhundertfünfundsiebzig Euro in bar und seine Rolex Oyster zurück. Das Handy hatten sie ihm abgenommen und überprüft. Es fehlte nun bei seinen Sachen. Darum würde sich sein Anwalt später kümmern. Eine letzte Unterschrift, und schon wurde er über die Schleuse in die Freiheit entlassen.

Becher konnte Manfred neben seinem roten Ferrari sofort ausmachen. Demonstrativ hatte sein Hausmeister den Wagen direkt im Halteverbot vor der Justizanstalt geparkt. Sie sollten nur sehen, was ihnen für immer verwehrt bleiben würde. Er sah einige Justizbeamte an den Fenstern im ersten Stock. Voller Neid sahen sie zu, wie er in sein Fahrzeug stieg. Er drückte Manfred etwas Geld für ein Taxi in die Hand, bog mit quietschenden Reifen in die Äußere Passauer Straße ein und fuhr mit aufheulendem Motor davon. Zügig lenkte er sein Fahrzeug durch den Mittagsverkehr und hatte schon bald die Autobahn in Richtung Salzburg vor sich. Er fuhr seinen Ferrari am Limit. Bei der ersten Raststation hielt er kurz an, um sich im Verkaufsraum der Tankstelle ein Hefeweizen zu genehmigen. Dann ging er in den Keller der Tankstelle, wo sich die Toiletten befanden. Er hatte sich aus dem Ferrari ein Döschen mitgenommen, das unterhalb des Handschuhfaches in einem Versteck gelegen hatte. In einer Kabine legte er einen kleinen Spiegel auf die Ablage neben der Toilette. Dann öffnete er das Döschen und schüttete eine kleine Menge des darin befindlichen weißen Pulvers darauf: Kokain. Mit Hilfe seiner Kreditkarte zog er eine schöne Linie, welche er durch einen zusammengerollten Hunderter in seine Nase schnupfte. Die Wirkung setzte sofort ein.

Er fühlte sich richtig gut, kehrte euphorisch zu seinem Wagen zurück und setzte seine Fahrt in Richtung Chiemsee fort. Nach fünfundvierzig Minuten bog er auf die Einfahrt zu seinem Anwesen ein. Er parkte seinen Ferrari vor dem Haupthaus und stieg über die gewaltige Freitreppe hinauf zur Eingangstür. Nichts hatte sich während seiner Abwesenheit verändert. Er war stolz auf Manfred. Sein Hausmeister war die treueste Seele, die er sich vorstellen konnte. Er hatte nach der „Sache" keinerlei Fragen gestellt, ihn mehrere Male im Gefängnis besucht und ihn immer auf dem Laufenden gehalten. Becher würde ihm am nächsten Monatsersten einen Bonus überweisen.

Als er das Haus betreten hatte, sah er sich zunächst in seinem exklusiven Wohnzimmer um. Endlich war er wieder daheim. Er öffnete die Tür zur Terrasse und setze sich in einen Hängesessel im Schatten. Dann fiel ihm ein, dass er sein Handy noch nicht zurückbekommen hatte. In der Küche sollte eigentlich noch eines in der Kommode liegen. Er fand es zusammen mit dem Ladekabel nach kurzem Suchen. Per Knopfdruck bereitete er sich einen schnellen Espresso und rief dann Sonja an.

Sie klang überrascht. „Du bist aus dem Gefängnis entlassen?", fragte sie.

„Wie du siehst! Sonja, du musst mir einen Gefallen tun. Kannst du mir für heute Abend ein richtig geiles Luder schikken. Du kennst ja meine Vorlieben. Der Preis spielt keine Rolle."

Ja, die Vorlieben des perversen Bankers kannte sie. Er hatte schon viele ihrer Mädchen gedemütigt, geschlagen und ihnen Angst eingejagt. Die Ermordung der kleinen von Trautheim hatte sie nicht überrascht. Es war nur eine Frage der Zeit gewesen, bis so etwas passierte. Andererseits war der Banker einer ihrer besten Kunden, der unglaubliche Summen für seine Vorlieben an sie zahlte.

„Ich habe da eine französische Studentin, die für mich arbeitet. Sie hat riesige Brüste und einen geilen Arsch. Laut meinen anderen Kunden ist sie für alles offen."

Das klang genau nach dem, was er heute brauchte. „Gemacht, Sonja. Schick sie mit dem Taxi in mein Haus nach Prien. Gegen siebzehn Uhr wäre perfekt. Die übliche Summe, oder haben sich die Preise während meiner Abwesenheit geändert?"

„Nein, unser Tarif ist immer noch der gleiche. Fünftausend Euro inklusive des Taxis hin und retour, und du darfst mir ihr machen, was du willst. Bring sie mir aber bitte nicht um, Joachim!"

Das sollte kein Scherz sein und es stieß Becher sauer auf. „Mach dir mal keine Sorgen, Sonja! Ein paar Schläge wird sie wohl aushalten."

Sonja hatte bereits aufgelegt und machte sich daran, Sophie zu verständigen. Die Kleine war ein Naturtalent. Sophie hatte zuerst nur sporadisch für sie gearbeitet. Nach kurzer Zeit war sie zu ihrer besten Nummer geworden. Die Klienten rissen sich um sie, denn sie hatte volle Lippen, tolle Brüste und einen Knackarsch, um den sie alle Kolleginnen beneideten. Sie spielte mit den Männern und kannte Hemmungen nur vom Hörensagen. Hoffentlich würde Becher sie nicht für immer verderben oder ihr bleibende Narben zufügen.

Sophie nahm nach dem ersten Klingeln ab.

„Kannst du heute einen Auftrag am Chiemsee übernehmen?", fragte Sonja.

„Natürlich, der übliche Satz für misch?", nuschelte die kleine Französin. „Nein, heute wirst du zweitausend bekommen. Der Banker ist ein wenig pervers."

„Oh, kein Problem. Wann holt Joe misch ab?"

„Gegen halb vier. Pass auf dich auf, Kleines!"

* * *

Um fünf Minuten vor fünf kam Sonjas Taxi die Zufahrt zum Haus heraufgefahren. Wie immer saß Joe am Steuer. Er war der Chauffeur von Sonjas Nutten. Er würde irgendwo in der Nähe warten und zur Abholung bereit sein. Heute würde Joe vermutlich ein wenig länger warten müssen, dachte sich Becher. Als die kleine Nutte ausstieg, sah er, dass Sonja nicht übertrieben hatte. Ihre Titten waren riesig und sie kam mit wiegenden Hüften die Treppe herauf. Sie hatte dunkle schulterlange Haare und volle Lippen. Bläserlippen, dachte er und seine Hose begann sich zu wölben. Sie hatte eine große Tasche umgehängt, in welcher sie ihre Utensilien mitgebracht hatte. Sonja hatte ihr noch mitgeteilt, dass Becher auf hohe Lederstiefel und Latex stand. Er würde ihr heute schon zeigen, was er am liebsten mochte. Er öffnete die Tür, ließ sie eintreten und führte sie ohne Umweg in den ersten Stock zu seinem Schlafzimmer. „Geh schon mal ins Badezimmer und mach dich fertig, du kleine Nutte", sagte er zu ihr. Er sprach solche Frauen immer mit „Nutte" oder „Fotze" an. Sie sollten von Anfang an wissen, dass sie für ihn nur Werkzeuge zur Benutzung waren. Er war das von seinem Job gewohnt. In seiner Bank war er bekannt dafür gewesen, seine Angestellten wie Dreck zu behandeln.

Sophie war perverse Schweine wie Becher gewohnt. Sie genoss ihre Macht bei den üblichen Sexspielen und auch das damit verbundene Geld. Heute würde sie zweitausend Euro und vielleicht noch ein gutes Trinkgeld bekommen. Dafür konnte der Arsch ruhig ein wenig grob sein. Sie ging ins Badezimmer und zog sich aus. Als sie sich gerade den ersten Lederstiefel anzog, kam er hinter ihr ins Bad und schlug ihr ohne Vorwarnung hart auf ihren nackten Hintern. Sie schrie auf und er griff ihr an den Hals. „Mach schneller, du dumme Kuh. Ich will nicht ewig warten. Das habe ich gerade drei Jahre lang getan!"

Er ging wieder ins Schlafzimmer und blieb vor seinem riesigen Bett stehen. Dann öffnete er den Gürtel und ließ seine

Hose bis zu den Knöcheln hinunterrutschen. Sein Ständer ragte nach oben und tat ihm bereits weh. Nachdem er sein Hemd aufgeknöpft hatte, zog er es aus und schmiss es auf den Boden. Er stellte sich vor, wie sie ihm gleich einen blasen würde. Mach schnell, du dumme Kuh, dachte er sich. Sein Pulsschlag beschleunigte sich. Er ließ sich rückwärts auf sein Bett fallen und spürte, dass irgendetwas anders war, als er es erwartet hatte. Die Matratze gab nach, er fiel tiefer als normal und spürte den leichten Aufprall auf dem Lattenrost. Gleichzeitig hörte er von mehreren Seiten ein metallisches Klicken, als die Splinte durch den Zug aus den Granaten gerissen wurden. Die nunmehr freien Bügel fielen auf den Boden der Holzkästchen und ließen die Granaten umsetzen. Er wunderte sich noch, wer ihm einen solchen Scherz gespielt hatte, als fast gleichzeitig vier Detonationen seinen Körper zerplatzen ließen. Sein Kopf wurde glatt vom Rumpf getrennt und seine Innereien verteilten sich gleichmäßig an den Schlafzimmerwänden. Durch die unglaubliche Wucht der Detonationen wurde die gesamte Einrichtung in Sekundenbruchteilen schwer beschädigt.

Im Bad hatte Sophie gerade ihr Latexhöschen angezogen, als sie einen unglaublich lauten Knall hörte. Die Druckwelle schleuderte sie hinter die Badewanne, wo sie mit dem Kopf aufschlug und benommen liegen blieb. Durch die dicke Betonwand und den günstigen Winkel zum Bett konnten die Splitter ihr nichts anhaben. In ihren Ohren war nichts als ein lautes, undefinierbares Summen.

Als sich der Rauch legte, stand sie mit wackeligen Beinen auf und schaute in das total verwüstete Schlafzimmer. Der Anblick, der sich ihr bot, schockte die sonst einigermaßen abgebrühte Französin. Sie machte sich in ihr Latexhöschen, begann hysterisch zu schreien und rannte, halbnackt, wie sie war, in ihren hohen Lederstiefeln über das Stiegenhaus ins Freie. Joe, der eine Zigarette rauchend in der Nähe des Hauses gewartet hatte, kam ihr zu Fuß entgegen und nahm sie in die Arme.

Sie zitterte und bekam kein Wort heraus. Joe hatte die Explosion gehört und geahnt, dass irgendetwas schiefgelaufen war. Er rannte mit Sophie zum Auto, lenkte es über den Kiesweg auf die Landesstraße und dann in zügigem Tempo zurück in Richtung München. Um nicht aufzufallen, hielt er sich an die vorgeschriebenen Geschwindigkeiten. Als ihm kurz vor dem Ortseingang von Prien eine Polizeistreife mit Blaulicht begegnete, wurde ihm bewusst, dass es massive Probleme geben würde.

* * *

Um siebzehn Uhr achtundvierzig ging ein Anruf bei der Polizeiinspektion Prien am Chiemsee ein. Eine aufgeregte Frauenstimme schrie Wachmeister Höberl ins Ohr: „Sie müssen sofort kommen, in dem Haus von Becher hat es eine Explosion gegeben!"

Höberl blieb ruhig wie immer. „Was ist denn los? Wer spricht und wo genau ist was passiert?"

„Hier spricht Frau Müller Kathrin, und bei unserem Nachbarn, dem Mörder der Tochter der von Trautheims, ist etwas passiert!"

Höberl begriff sofort. Er hatte bei den Erhebungen gegen Becher eine wichtige Rolle gespielt und wusste, dass Becher heute vorzeitig entlassen worden war. Natürlich kannte er auch Bechers Adresse. Er forderte seine Kollegin Steffi auf, ihn zu begleiten und rannte über den Innenhof der Inspektion zu den geparkten Dienstautos. Mit Blaulicht und Martinshorn raste er durch die Ortschaft in Richtung von Bechers Anwesen. Im Bereich der Ortsausfahrt begegnete ihm eine schwarze Limousine mit Münchner Kennzeichen. Schon bei der Zufahrt zu Bechers Haus konnte er den Rauch sehen, der im ersten Stock aus den geborstenen Fenstern drang. Über Funk forderte er zur Sicherheit die Feuerwehr an und stellte kurz darauf das Dienstfahrzeug vor der Tür ab. Schnell zogen er und Steffi sich eine kugelsichere Unterziehweste an. Mit gezogenen Waffen arbeiteten sie sich in Richtung des offensichtlichen Explosionsortes vor. Als sie bei Bechers Schlafzimmer ankamen, wurde ihnen bewusst, dass es hier eine massive Explosion gegeben haben musste. Überall im Gang lagen Möbelstücke, die Schlafzimmertür war aus den Angeln geflogen und es stank verbrannt. Höberl riskierte einen Blick in das Zimmer und wich zurück. Ihm wurde übel. Auf dem Bett lagen die Überreste eines Menschen. Einzelne Körperteile oder das, was von ihnen übrig geblieben war, waren überall im Zimmer verteilt. Das, was einmal der Kopf gewesen sein musste, lag seitlich an der Wand und schaute mit offenen Augen ins Leere. „Steffi, bleib zurück, das hier willst du nicht sehen! Schau du mal ins Bad, bitte. Und ruf die Tatortgruppe von Hemmlich Toni an. Die werden hier eine Menge Arbeit haben." Als er das gesagt hatte, rannte er auf den Balkon und übergab sich in den darunter liegenden Garten.

* * *

Als Hemmlich und seine Truppe wenig später eintrafen, hatten Höberl und Steffi bereits den gesamten Tatort mit rotweißen Plastikbändern abgesperrt. Im Bad hatte Steffi eine Tasche mit diversem Sexspielzeug und die Bekleidung einer Frau gefunden, dabei jedoch nichts angerührt. Den Blick in das Schlafzimmer hatte sie sich erspart. Sie hatte erst vor einigen Wochen die Polizeischule beendet und war froh, einen erfahrenen und netten Kollegen wie Höberl zur Seite zu haben. Höberl gab Hemmlich einen ersten Überblick über die Situation. Er vergaß auch nicht, die Münchner Limousine zu erwähnen. Toni machte sich seine Notizen.

* * *

Um achtzehn Uhr dreißig nahm Hauptkommissar Beigel den Anruf seines Kollegen entgegen. „Jochen, ich weiß, dass ihr derzeit an dem Fall Mayer arbeitet, den jemand vor Kurzem vor seinem Geschäft erschossen hat. Der Mann wurde damals aufgrund eines Justizfehlers vorzeitig entlassen. Wir haben jetzt auch so einen Fall. Erinnerst du dich noch an den Fall Becher?"

„Der Banker, der die Tochter der Gräfin von Trautheim ermordet hat?"

„Ja, genau der. Sein Anwalt hat ihn nach drei Jahren Haft aus der Sache herausgehauen. Ein mieser Typ, da ist auch vieles schiefgelaufen. Nichtsdestotrotz wurde er heute Vormittag aus der Justizanstalt Straubing entlassen. Er ist dann nachvollziehbar mit seinem Ferrari zu seinem Anwesen nach Prien gefahren. Irgendwer hat ihn heute gegen siebzehn Uhr dreißig im seinem Schlafzimmer mit einigen Handgranaten in die Luft gesprengt. Wir haben eine Handtasche mit Sexspielzeug in seinem Bad gefunden. Er dürfte bei diesem Anschlag also schon nicht mehr allein gewesen sein. Wir haben die zweite Person aber noch nicht eruieren können. Die Art der verwendeten Sprengfalle schaut mir nach einem Profi aus. Glaubst du, das könnte zu deinem Fall passen?"

„Kann ich noch nicht sagen, aber ich komme gleich mit Maik und Willi zu euch. Seid ihr am Tatort?"

„Ja, Jochen, das wird hier noch länger dauern. Wenn ihr in Prien seid, ruft mich bitte an und ich lasse euch abholen. Wir haben die nähere Umgebung abgesperrt."

„Danke dir, mein Freund!"

Beigel rief Maik und Willi zu sich ins Büro. „Schnappt euch ein schnelles Fahrzeug, wir fahren nach Prien am Chiemsee!"

„Super, Chef, nehmen wir die Badesachen mit?", wollte Maik wissen.

„Nein, leider nicht. Stattdessen erwartet uns dort vielleicht ein zweiter Fall von Selbstjustiz, der zu unserem Schützen passt ..."

Maik hörte den Rest nicht mehr. Er war bereits unterwegs, um von der Fahrbereitschaft einen schnellen Wagen zu besorgen.

Eine Stunde später wurden sie, wie versprochen, von einem örtlichen Polizisten am Ortsende von Prien abgeholt und zu Bechers Anwesen gebracht. Toni führte die drei in den oberen Stock und bat sie, die weißen Tatortanzüge überzustreifen. Zudem bekamen sie Handschuhe und Überzieher aus Plastik für ihre Schuhe.

„Bitte fasst nichts an, die Tatortarbeit ist noch nicht abgeschlossen. Wir wissen aber mit Sicherheit, dass es sich bei dem Opfer um Joachim Becher handelt."

Im Schlafzimmer war ein Tatortbeamter gerade dabei, Fotos von dem Bett zu machen. „Jochen, das ist eine irre raffinierte Sache. Der Täter hat Bechers Matratze ausgehöhlt, vier kleine Holzkästchen mit Handgranaten platziert und diese mit Zugzündern versehen. Das Bett hat er dann vermutlich wieder bezogen und Becher hat die Ladungen selbst ausgelöst, als er sich ins Bett legte. So etwas habe ich bisher noch nie gesehen."

Beigel sah sich um. Er bemerkte die verstreuten Körperteile und auch den abgerissenen Kopf.

Toni kam zu ihm. „Vermutlich hatte Becher Besuch. Wir haben im Bad Frauenkleider, Frauenschuhe und eine Handtasche mit Sexspielzeug gefunden. Ein Studentenausweis und mehrere Dokumente waren auch dabei. Eine Französin. Sophie Levebre, zwanzig Jahre alt, lebt in München, Grünwalder Straße 41 und studiert laut Ausweis Biologie an der Ludwig-Maximilians-Universität in München. Vielleicht eine, die ihr Studium mit Prostitution finanziert! Als meine Leute eintrafen, war niemand mehr da. Aber unserem Kollegen Höberl ist eine Limousine mit Münchner Kennzeichen entgegengekommen, als sie den Tatort anfuhren. Innerlich war Toni froh, dass Höberl die Fahrt gemacht hatte. Er war einer seiner besten Erhebungsbeamten. Solche Details bemerkten nur versierte Beamte. Wir verfügen in Prien über eine Videokamera, welche nach zahlreichen Beschädigungen durch Jugendliche installiert wurde. Sie überwacht die Ortseinfahrt vierundzwanzig Stunden täglich. Mit ihrer Hilfe können wir das Kennzeichen der Limousine herausfinden. Na, Jochen, was meinst du? Siehst du irgendwelche Parallelen zu deiner Sache?"

„Kann sein, Toni, hier war jedenfalls ebenfalls ein Profi am Werk, der sich lange vorher mit der Vorbereitung beschäftigt haben muss. Warum hat er die Holzkästchen verwendet?"

„Damit die Bügel der Handgranaten sauber wegspringen können, wenn der Splint gezogen wird. Sonst setzen sie nicht um, meinte der Tatortbeamte. Der Täter hat sich viel Arbeit gemacht, er hat ja vermutlich auch die Matratzenreste mitnehmen und entsorgen müssen."

Beigel ging vorsichtig im Zimmer umher und dachte nach. „Scheiße, Leute, ich glaube, da übt jemand Selbstjustiz. Wir werden schauen müssen, ob es in der Vergangenheit ähnliche Vorfälle gegeben hat. Wir müssen auch alle anderen Bundesländer einbeziehen! Und, Toni, kannst du mit mir das Video sichten? Vielleicht bringt uns der Lenker der Limousine in dieser Sache weiter. Wir sollten auch mit Bechers Anwalt sprechen. Wie hieß der doch?"

„Müssing!"

„Haben wir eine Adresse?"

„Moment." Toni rief in der Polizeiinspektion an und kam kurz darauf zurück: „Marienweg 12 in Hasenbergl, eine heruntergekommene Siedlung in München."

„Okay. Maik und Willi, ihr beide nehmt euch gleich morgen früh den Anwalt vor. Ich will alles über Becher wissen. Mit wem er die letzten Tage gesprochen hat, wie er aus der Sache herausgekommen ist und wer alles von seiner vorzeitigen Entlassung gewusst hat. Ich fahre mit Toni nach Prien und sichte das Videomaterial."

* * *

Toni nahm Beigel in seinem Fahrzeug mit. Da er schon am Telefon mit den Kollegen gesprochen hatte, war alles vorbereitet. Der Raum war verdunkelt und eine Beamtin zeigte ihnen den gewünschten Teil der Videoaufzeichnung. Höberl war mitgekommen und stand leicht versetzt hinter ihnen. „Da, halt! Das ist es!", rief er. Das Video stoppte und die Kollegin zoomte auf das Kennzeichen.

„‚M AC 1246' – können Sie das anfragen, bitte?", forderte Toni einen anwesenden Kollegen auf.

„Natürlich, Chef, dauert eine Minute."

Toni ging auf den Gang hinaus und kam kurz darauf mit drei Bechern Kaffee zurück. Sie setzten sich auf einen Tisch und warteten auf das Ergebnis der Anfrage.

„Hier, Chef, der Wagen gehört Joe Wittner, Luxuslimousinen, München Grünwald. Ich habe schon bei den Kollegen vor Ort angerufen. Dieser Wittner arbeitet hauptsächlich für den Luxus-Escort-Service, der dieser amtsbekannten Sonja Fürth gehört. Sie ist in München für die Partys der Schickeria zuständig. Sie führt in ihrer Kartei nur ausgewählt schöne Frauen und junge Männer, die sie laut dem Münchner Kollegen für Unsummen an reiche Leute vermittelt, die sich das leisten können. Und unser Becher könnte einer ihrer Kunden gewesen sein."

„Ich glaube, wir sollten diesen Joe Wittner und auch Sonja Fürth sehr rasch zu dieser Sophie Levebre befragen. Sie könnte verletzt sein!"

Beigel und Toni sahen sich an. „Ein Zusammenhang ist möglich, was meinst du, Jochen?"

„Das glaube ich auch. Wir werden sehen. Wenn du willst, fahre ich jetzt gleich mit dir nach München, um die beiden zu befragen. Ich bin gespannt, was sie zu der Sache zu sagen haben!"

* * *

44

Toni und Beigel saßen im Fond des Fahrzeuges und unterhielten sich über das, was sie bisher zu diesen beiden Fällen wussten. Höberl hatte sich als Fahrer angeboten, und da sein Dienst noch bis um acht Uhr morgens gehen würde, war Toni gern auf dessen Angebot eingegangen. Gegen einundzwanzig Uhr hielt das Dienstfahrzeug vor dem Haus von Sonja Fürth. Es lag in Grünwald in der Nähe der Bavaria Filmstudios und hatte Villencharakter. Höberl hatte einmal kurz geläutet und über die Gegensprechanlage ihr Kommen angekündigt. Sie folgten dem Kiesweg bis zum Haupteingang und wurden dort bereits von einer sehr attraktiven Mittvierzigerin erwartet. Beigel und Toni stellten sich vor.

„Bitte kommen Sie herein! Wie kann ich Ihnen helfen? Möchten Sie vielleicht einen Kaffee? Meine Haushälterin ist noch in der Küche. Sie hat übrigens gerade frische Blätterteigtaschen mit selbstgemachter Marmelade gebacken."

„Danke, das Angebot nehmen wir nach der Fahrt gern an."

Sonja führte sie in ein riesiges Kaminzimmer und bot ihnen an, auf dem beigen Sofa Platz zu nehmen.

Beigel beobachtete die Chefin des Escort-Service ganz genau. Obwohl sie in diesem Geschäft vermutlich schon viel erlebt hatte, wirkte sie unsicher, fast schon nervös. Er beschloss, die Sache frontal und ohne Umschweife anzugehen. „Frau Fürth, wir wissen, womit Sie Ihr Geld verdienen. Es hat heute Abend in Prien am Chiemsee einen Vorfall gegeben, bei dem ein Mensch getötet wurde. Im Haus des Toten wurden die Dokumente einer gewissen Sophie Levebre gefunden. Wir würden gern wissen, ob diese Sophie Levebre für Sie arbeitet. Ach ja, und die Limousine eines gewissen Joe Wittner, der Ihre Mädchen immer zu den Kunden chauffiert, ist beim Verlassen des Tatortes gesehen worden." Beigel nutzte diese kleine Notlüge, um sicherzugehen, dass Fürth noch nervöser werden würde.

Sein Plan ging auf. Sonja Fürth war unter ihrem dezent aufgetragenen Make-up blass geworden.

„Herr Kommissar", begann sie, „wie Sie ja sicher verstehen werden, kann ich Ihnen nicht alles über meine Kunden und Angestellten sagen, da bei uns, wie Sie es in Ihren Kreisen ja auch immer so schön sagen, eine Art ‚Amtsgeheimnis' besteht."

„Frau Fürth, hier geht es nicht um ein beschissenes Amtsgeheimnis, hier geht es um einen Mord. Und damit wir uns gleich richtig verstehen: Wenn Sie nicht alles dazu beitragen, diese Sache aufzuklären, dann sind Sie eventuell Mittäterin, haben wir uns verstanden?" Beigels Stimme klang etwas forscher als vorgesehen.

Sonja Fürth schluckte. Vor etwa einer Stunde war Joe mit einer völlig aufgelösten Sophie zu ihr gekommen. Er hatte ihr von der mächtigen Explosion erzählt, welche sich kurz nach ihrem Eintreffen auf Bechers Anwesen ereignet hatte. Sophie war nicht ansprechbar gewesen. Sie hatten ihr einige Valium-Tabletten gegeben und sie im ersten Stock in ein Bett gelegt. Joe war sofort nach Hause gefahren und hatte auf sein übliches Honorar verzichtet. Er wollte mit der Sache nichts zu tun haben. Sie würden Sophie früher oder später sowieso kriegen, und auch Joe würde mit Sicherheit aussagen, wenn man ihn in die Mangel nahm.

„Okay, ich werde mit Ihnen kooperieren", lenkte Sonja Fürth ein. „Ich habe gestern gegen sechzehn Uhr einen Anruf von dem mir bekannten Becher Joachim erhalten. Er ist ein langjähriger Kunde. Ich dachte eigentlich, man hätte ihn nach dem Mord an der jungen Ziehtochter der Gräfin von Trautheim für immer weggesperrt, aber da habe ich mich wohl geirrt. Er bat mich, ihm ein Mädchen zu besorgen und es mit Joe zu seinem Anwesen nach Prien zu schicken. Sophie schien mir dafür perfekt geeignet zu sein."

„Perfekt geeignet?", unterbrach sie Beigel.

„Nun ja, Becher hatte eine perverse Art, mit Mädchen umzugehen. Er stand darauf, sie zu demütigen und manchmal auch zu schlagen – Sie wissen schon ... Banker tendieren meistens dazu, sich entweder dominieren zu lassen oder ihr Gegenüber wie Dreck zu behandeln. Becher war von der zweiten Sorte und einer der Übelsten, die ich je kennengelernt habe. Er hat mir schon vor Jahren einige meiner Mädchen ruiniert."

Beigel schüttelte den Kopf. „Und obwohl Sie wussten, dass Becher so ein Schwein ist, haben Sie die Kleine zu ihm geschickt?"

„Bei allem Respekt, Herr Kommissar, Sie haben von unserem Gewerbe offensichtlich nicht viel Ahnung. Bei uns gibt es Neigungen, die sogar die von Becher in den Schatten stellen. Und alle wollen bedient werden. Wenn wir und unsere Mädchen oder die Jungen da nicht mitmachen, holen sich diese Leute ihre Opfer einfach von der Straße. Aber nun zu Sophie: Sie war also heute von Becher gebucht. Joe hat sie gegen siebzehn Uhr dreißig vor Bechers Haus abgesetzt und hat dann in der Nähe des Hauses in seiner Limousine gewartet. Er macht das immer so, es sei denn, die Mädchen werden für eine ganze Nacht gebucht. Nach etwa einer halben Stunde hat er eine Explosion gehört. Er ist zum Haus gerannt, doch Sophie kam ihm schon halbnackt entgegen. Sie trug bereits ihre Arbeitskleidung."

„Arbeitskleidung?" Beigel war bei diesem Gespräch etwas unwohl.

„Ja, Becher stand auf Latex und High Heels. Sophie übrigens auch, deshalb habe ich sie geschickt. Sie liebt ihren Job. Und sie hat damit bereits verdammt viel Kohle gemacht. Wir haben ihr einige Valium-Tabletten gegeben. Sie liegt oben in meinem Bett. Ich glaube aber nicht, dass Sie sie in ihrem derzeitigen Zustand befragen können."

„War sie verletzt, als sie hier eintraf?", fragte Beigel.

„Nein", antwortete Sonja. „Ich habe schon nachgeschaut, und ich hatte das Gefühl, dass sie mich hören konnte."

„Danke, Frau Fürth, Sie haben uns fürs Erste sehr geholfen. Natürlich werden Sie morgen gleich zu uns zum LKA kommen.

47

Und bringen Sie bitte Herrn Wittner mit. Mit Fräulein Sophie wird sich eine unserer weiblichen Beamtinnen morgen unterhalten. Wir haben auch einen Psychologen dabei."

Zur Sicherheit ließen sie sich noch in den ersten Stock begleiten und schauten nach Sophie Levebre. Sie schlief tief und bekam von dem Besuch der beiden Kriminalbeamten nichts mit. Hemmlich und Beigel beratschlagten beim Hinausgehen das weitere Vorgehen. Toni würde zusammen mit Beigel an dem Fall arbeiten, bis die Zusammenhänge geklärt waren. Sollte es sich ergeben, dass beide Taten zusammenhingen, würde das LKA München die Sache zur Gänze übernehmen.

* * *

Am nächsten Vormittag stellten Maik und Willi ihr Fahrzeug in der Nähe der angegebenen Adresse des Anwaltes in Hasenbergl ab. Nach kurzer Suche fanden sie den etwas seitlich im Erdgeschoß gelegenen Eingang zu Müssings Appartement.

„Er scheint nicht unbedingt ein guter Anwalt zu sein, wenn er hier wohnt", gab Maik zu bedenken und drückte den Klingelknopf. Als sich auch nach wiederholtem Klingeln niemand meldete, rief Willi in der Kanzlei des Anwalts an und ließ sich mit Müssings Sekretärin verbinden. „Tut mir leid, er ist heute früh nicht ins Büro gekommen, und das, obwohl er um zehn Uhr eine wichtige Besprechung mit Herrn Becher gehabt hätte!"

In Maiks Kopf schrillten die Alarmglocken. „Danke, Sie haben uns sehr geholfen. Leider wird sich Ihr Chef nicht mehr mit Herrn Becher treffen können, denn der wurde gestern kurz nach seiner Haftentlassung ermordet." Er hörte noch den überraschten Aufschrei der Sekretärin, dann war die Leitung tot. „Etwas mehr Gefühl hätte nicht geschadet", meinte Maik lapidar. Er bewegte sich bereits in Richtung der Fensterfront von Müssings Wohnung. Alle Vorhänge waren zugezogen.

Nichts Ungewöhnliches um diese Jahreszeit, um die herrschende Hitze abzuschirmen. Maik versuchte durch einen Spalt zwischen den Vorhängen in die Wohnung zu schauen. „Willi, ruf mal den Staatsanwalt an und versuche einen Hausdurchsuchungsbefehl zu bekommen! Das schaut nach einem Problem aus."

„Schon dabei!"

Nach einigen Minuten Erklärungen und Überzeugungsarbeit am Telefon hatte Willi einen mündlichen Befehl für eine Türöffnung erhalten. Maik und Willi gingen zurück zum Eingang und schauten sich die Bauart der Tür an. „Sicherheitstür und mehrere Verriegelungen – wovor hat der denn der Angst? Ich glaube, da werden wir uns die Kollegen vom SEK Südbayern holen. Die haben das richtige Werkzeug dafür. Ich ruf mal den Journaldienst an."

„Mach das, Maik. Bis die kommen, bleibt uns sicher etwas Zeit für eine Kaffeepause. Ich habe heute noch nicht gefrühstückt. Kurz bevor wir in diese Straße eingebogen sind, habe ich eine kleine Bäckerei gesehen."

Während sich Maik verbinden ließ, gingen sie bereits zurück zum Wagen. Die Leute vom SEK kamen in Fällen wie diesem immer gern. Für sie war eine Türöffnung ein gutes Training für den Ernstfall.

In nur zwei Minuten hatte Maik die Zusage erhalten. Sie hatten noch etwa eine halbe Stunde Zeit, bis sich das Team einfinden würde.

Die Bäckerei war einer der wenigen verbliebenen Familienbetriebe. Es gab nicht nur Brot zu kaufen, hier konnte man auch gut frühstücken. Einige Tische luden für eine kurze Pause ein, selbst wenn das Geschäft seine beste Zeit schon lange hinter sich hatte. Die alte Frau hinter dem Tresen, vermutlich die Mutter des Bäckers, trug eine uralte, verblichene Schürze und war gerade damit beschäftigt, einige Topfengolatschen von einem Blech in die Vitrine zu stapeln. Aus der Backstube strömte ein unglaublich guter Duft von frisch gebackenem Schwarzbrot. Ein Geselle brachte soeben einen Korb mit noch heißen Laugenbrezeln nach vorn. In den Regalen lag eine Vielfalt an Brötchen zur Auswahl. Willi lief das Wasser im Mund zusammen.

„Was soll's denn sein, meine Herren?"

„Für mich zwei Butterbrezeln und einen großen Kaffee!" Willi wollte sein Frühstück noch vor dem Eintreffen der Kollegen beenden.

Maik bestellte einen Kaffee. „Könnte ich dazu zwei Spiegeleier mit Schinken und zwei große Butterbrote haben?", fragte er.

„Natürlich!", gab die alte Frau zurück. „Dauert nur ein paar Minuten."

Die Männer saßen noch nicht einmal, als die alte Frau auch schon mit einer großen Kanne und zwei Tassen erschien. Sie schenkte ihnen einen starken Kaffee ein und stellte ein Kännchen mit frischer Milch und Zucker dazu. Nur drei Minuten später kam auch schon der Rest der Bestellung. Die kalte Butter auf dem frischen Backwerk begann bereits zu zerrinnen, als Willi gierig in seine erste Brezel biss.

Maik schnitt seine Spiegeleier und den Schinken in zwei gleich große Teile und legte alles auf seine beiden Butterbrote. Dann schnitt er das erste große Stück ab, schob es sich in den Mund und begann genüsslich zu kauen. Das weiche Innere des Dotters rann über seine Mundwinkel. Er liebte den Geschmack von kalter Butter, wenn dieser sich mit dem der noch warmen Eier und des angebratenen Schinkens vermischte. Es kam in letzter Zeit nicht oft vor, dass er und Willi Zeit für ein ausgiebiges Frühstück fanden. Ihre Abteilung war mit Sicherheit jene, welche die meisten Aufträge im Präsidium hatte. Kurz nachdem sie sich satt gegessen und bezahlt hatten, fuhren auch schon die Kollegen vor.

„Hallo Hans", begrüßte Maik den Teamleiter.

Hans hatte zusammen mit Maik vor vielen Jahren bei der GSG9 die Aufnahmeprüfung gemacht. Nach Beendigung seiner dortigen Laufbahn hatte es ihn ähnlich wie Maik zur Polizei und dann zum SEK verschlagen.

„Wo ist die Tür? Hoffentlich rentiert sich unsere Anfahrt", meinte Hans.

„Gleich da drüben. Das Appartement gehört einem Anwalt, einem gewissen Müssing. Er ist heute früh nicht zur Arbeit erschienen und einer seiner Klienten war Becher, der Banker, den gestern ein bisher unbekannter Täter in seinem Anwesen in Prien in die Luft gesprengt hat."

„Haben wir gehört, wurde bereits bei unserer Frühbesprechung diskutiert. Das ist innerhalb kürzester Zeit bereits der zweite seltsame Todesfall. Schaut nach einem Profi aus, der das zu verantworten hat. Glaubt ihr an eine Verbindung?", fragte Hans.

„Wir sind gerade dabei, das herauszufinden", antwortete Maik.

Das Team hatte bereits vor der Tür des Appartements Aufstellung genommen. Ein Beamter schob eine kleine Kamera unterhalb der Tür durch. „Hans, er hat ein Holzstück zwischen der Tür und einem offenen Zimmer verklemmt. Wir werden die Tür hydraulisch nach innen drücken."

„Ja, das machen wir."

Maik und Willi sahen sich an. Beide dachten in diesem Moment dasselbe! Wenn die Tür von innen verklemmt war, befand sich Müssing wahrscheinlich noch in der Wohnung, aber warum hatte er dann nicht auf das Klopfen reagiert?

Zwischenzeitlich war ein hydraulisches Gerät am Türrahmen befestigt worden. Das Team war bereit. Auf ein Zeichen von Hans betätigte einer der Beamten mehrmals einen Hebel und ein ausfahrender Zylinder drückte die Tür im Schlossbereich auf. Mit einem Vorschlaghammer erledigte ein weiterer Beamter den Rest. Unter lautem Krachen löste sich die

Tür aus den Angeln. Mit gezogenen Waffen durchsuchten die Männer die Wohnung.

Nach einer Minute kam Hans zurück und wandte sich an Maik und Willi: „Müssing konnte euch nicht öffnen. Er sitzt tot vor seinem Computer. Keine offensichtlichen Verletzungen. Er hat sich vor Eintritt des Todes noch Pornos im Netz angeschaut. Ich verstehe nur nicht, warum er die Tür von innen verkeilt hat. Hatte er Angst vor irgendjemandem?"

„Die Frage ist, ob er das überhaupt war, aber das wird die Spurensicherung ergeben."

Maik und Willi ließen die Männer vom SEK vorbei und betraten das kleine Appartement. Im Wohnzimmer saß Müssing auf einem Drehsessel vor dem eingeschalteten Computer. Sein Kopf hing seitlich über den Sessel. Die Totenstarre war bereits eingetreten. Im Schritt der Leiche hatte sich ein dunkler Fleck gebildet und es stank nach Urin. Die Augen waren halb geöffnet und quollen leicht aus den Höhlen. Am Hals des Toten hatten sich seitlich leichte Flecken gebildet.

Maik zog sich Plastikhandschuhe an. „Ich möchte dem Spurensicherer nicht vorgreifen, aber ich glaube, unser Anwalt ist erwürgt worden!"

„Und wie erklärst du dir das eingeklemmte Holz? Die Fenster waren alle zu und nur dieses da gekippt", gab Willi zu bedenken und zeigte auf das offene Fenster.

„Kleiner, du musst noch viel lernen. Komm mal her!" Maik ging zum Fenster und sah genau hin, ohne etwas zu berühren. „Da, schaut mal!"

Willi und Hans traten näher.

„Seht genau hin. Was fällt euch auf?"

Willi schaute den etwas älteren und erfahreneren Hans fragend an. Die Außenseite des Fensters war absolut sauber, die daneben liegenden Scheiben hatten Wasserflecken. „Und wie ist der Mörder nach draußen gelangt und hat das Fenster gekippt?"

Maik lachte. „Eine einfache Übung, eine sogenannte Fensterfalle. Wir benutzen sie, und auch die Kollegen in allen Sondereinheiten haben sie in Verwendung. Dieser Täter hat vermutlich alle Spuren verwischt. Könnte unser Mann sein. Zuerst Becher und dann seinen Anwalt."

„Und der Pädophile in Erding?", überlegte Hans.

„Könnte sein. Wir werden es irgendwann erfahren, denke ich", entfuhr es Maik. „Danke jedenfalls für die Unterstützung, Hans!"

„Machen wir doch gern, Männer! Nächste Woche ist ja euer Chef wegen des Falles in Erding bei unseren Scharfschützen. Da kann der uns ein Bier mitbringen!"

Maik wählte die Nummer seines Chefs, um ihn über die neuen Erkenntnisse zu informieren. Langsam nahm die Sache Dimensionen an, die er nicht erwartet hatte. Einen Zusammenhang mit Bechers Tod und dieser Sache konnte man fast schon mit Sicherheit annehmen.

* * *

In den aktuellen Nachrichten erfuhr Tom, dass seine geniale Sprengfalle funktioniert hatte. Gott sei Dank war dieser Unbekannten, von der in der Erstmeldung die Rede gewesen war, nichts passiert. Damit, dass Becher nicht allein in sein Haus ging, hatte er ja nicht rechnen können. Vermutlich hatte er sich eine Nutte bestellt, was nach seinem dreijährigen Haftaufenthalt nur verständlich war. Und es war eine Frage der Zeit gewesen, bis sie den Anwalt finden würden. Tom war sich zudem sicher, dass eine Verbindung zwischen den beiden Taten vermutet werden würde. Dies alles würde er aus den internen Untersuchungen erfahren, zu denen er problemlosen Zugang hatte. In ein paar Tagen würde er das Grab der Ziehtochter der Gräfin von Trautheim besuchen. Wenn er die alte Frau richtig einschätzte, würde sie nun endlich ihren

Frieden finden. Sie hatte ihn fasziniert, als er mit ihr im Fahrzeug gesessen hatte. Nachdem ihre erste Unsicherheit verflogen war, hatte sie ruhig auf sein Angebot reagiert. Er hatte ihren unbändigen Hass auf den Banker und den schleimigen Anwalt förmlich gespürt. Noch mehr aber wunderte er sich über sich selbst. Begonnen hatte sein Drang nach Gerechtigkeit in den Jahren nach dem Unfall, bei dem seine Tochter ums Leben gekommen war. Der Selbstmord seiner Frau hatte seinen Hass nur noch verstärkt. Und später auch noch seine Arbeit beim SEK. Häufig hatte er erlebt, dass sein Team einen Täter zwar festnahm, aber irgendein unfähiger Richter diesen am selben Tag auf freien Fuß setzte. Gerichte sprachen heutzutage Täter frei, die unglaubliche Taten begangen hatten. Sie gaben Tätern Freigang, den sie für weitere Taten nutzten und vieles mehr. Und all diese Rechtsverdreher, wie sie die Anwälte nannten, waren nur auf schnelles Geld und Ansehen im Kreise der Kollegen aus. Denen war es egal, ob sie für Böse oder für Gute arbeiteten, Hauptsache die Kohle stimmte. Auch viele seiner Kollegen und Polizisten dachten so, aber aufgrund ihrer Einstellung zum Beruf waren sie alle befangen. Irgendwann hatte er für sich selbst entschieden, zumindest einige dieser Taten zu rächen. Als Abschreckung für andere Täter, aber auch für seinen inneren Frieden. Mayer war der Anfang gewesen, gefolgt von Becher und Müssing. Und weitere würden folgen. Dessen war er sich sicher. Er fühlte sich gut dabei. Da er seine Eltern früh durch einen Autounfall verloren hatte, war er in einem Heim aufgewachsen und hatte nur wenige gute Freunde gehabt. Heute war sein Team, mit dem er zusammenarbeitete, seine Ersatzfamilie, mit der er schließlich die meiste Zeit seines Lebens verbrachte. Nach dem Tod seiner Frau hatte er unzählige Affären begonnen, aber eine richtige Beziehung war er bis zum heutigen Zeitpunkt nicht wieder eingegangen. Er wollte sein Haus nur mehr für sich haben und seinen Hobbys dann nachgehen, wenn er Lust darauf hatte. Eine feste Beziehung passte dazu einfach nicht. Nachdenklich lag er im Bett, zappte sich durch ein paar Fernsehprogramme und fiel nach einiger Zeit in einen tiefen, erholsamen Schlaf.

* * *

Es dauerte nicht lange, bis die Presse von den Morden an Becher und Müssing erfuhr, und schon bald darauf gab es die ersten Mutmaßungen über mögliche Zusammenhänge.

Als die Abendausgaben herauskamen, erfuhr Gräfin von Trautheim am Telefon von einer Freundin, was passiert war. Sie konnte es nicht fassen. Er hatte es also wahr werden lassen. Ihr „kleines Mädchen" war gerächt worden. Wie oft hatte sie sich den Tod Bechers in ihren Wachträumen in allen Varianten vorgestellt. Sie hatte ihn gequält, erstochen, verbrannt, erschossen und vieles mehr, aber es waren eben nur Träume gewesen. Und dieser unbekannte junge, hübsche, aber auch unheimliche Mann hatte es in so kurzer Zeit vollbracht. So gern hätte sie mit ihm über die Einzelheiten dieser Tat gesprochen und sich persönlich bedankt, aber sie erinnerte sich an seine Worte. Damit konnte sie leben. Schon morgen würde sie das Geld zu Sylvias Grab bringen und es wie besprochen in die hohle Kerze stecken. Sie würde noch einen Bonus hinzufügen und frische Blumen auf das Grab stellen. Sylvia hatte rote Rosen geliebt. Die Gräfin freute sich auf den Moment, in dem sie still mit ihrer verstorbenen Tochter kommunizieren würde.

* * *

Pascal und David lungerten wie so oft in letzter Zeit im Olympiapark herum. Sie lagen im dürren Gras im Schatten eines geschlossenen Kiosks, damit sie nicht jeder sehen konnte. Während Pascal einen Joint rollte, leerte David bereits seine sechste Flasche Bier an diesem noch jungen Morgen. Pascal hatte von ihrem Stammdealer hochwertiges Haschisch erhalten. Mit dreckigen Fingern zupfte er eine größere Menge von dem dunklen, harzigen Stück auf den Tabak, der auf dem ausgebreiteten Zigarettenpapier lag. Geschickt rollte er dann den Joint in die richtige Form, befeuchtete das Papier und klebte die Papierenden zusammen. Mit glänzenden Augen betrachtete er sein Werk. „He Alter, zieh dir das mal rein. Willst du zuerst?"

David nahm ihm den Joint ab, entzündete ihn und zog gierig daran. „Hm, perfekt, würde ich sagen!"

Sie waren beide Söhne aus sogenanntem gutem Hause. Ihre Väter kannten sich vom Golfclub und vom Tennisplatz. Pascal und David hatten eigentlich alles, was man sich als Jugendlicher wünschen konnte. Trotzdem war in der Erziehung beider etwas schiefgelaufen. Im Gymnasium, in das die Eltern sie gesteckt hatten, waren beide außer durch Gewalttätlichkeiten und Ungehorsam nicht sonderlich aufgefallen. Sie gehörten einer Gang an, die auf dem Schulhof andere Schüler terrorisierte, Gras verkaufte und kleinere Diebstähle in den umliegenden Kaufhäusern durchführte. Wenn sie zusammen mit ihren anderen Gangmitgliedern als Gruppe auftraten, ging man ihnen besser aus dem Weg.

Heute war wieder so ein Tag, an dem sie nichts Besseres zu tun hatten, als sich volllaufen zu lassen. „Hast du Lust, irgendeinen Penner zu klopfen?", fragte Pascal. Wenn sie unter Drogen standen, kam es häufiger vor, dass sie derartige Aktionen starteten.

„Warum nicht", gab David zurück. „Hast du etwas Besonderes im Sinn?"

„Nein, nicht wirklich. Lass uns in der U-Bahn schauen."

Beide erhoben sich und gingen zielstrebig in Richtung der nächsten Station. Mit der U3 fuhren sie bis zum Marienplatz. Zuerst pöbelten sie einige Jugendliche um Zigaretten an. Mit ihrem aggressiven Auftreten schüchterten die beiden die meist Jüngeren so ein, dass sie sofort bekamen, was sie wollten. Doch plötzlich erregte eine andere Gestalt Pascals Aufmerksamkeit. Am Ende des Bahnsteigs saß ein alter Mann auf der hintersten Bank. Dieser trug trotz der hier unten herrschenden schwülen Hitze einen Mantel und hatte seinen alten Hut über den bereits haarlosen Kopf gezogen. Er wirkte verwahrlost und verwirrt. Seine Hände steckten in zerrissenen Wollhandschuhen und seine Zähne waren faulig und gelb. Vor ihm stand neben einer halbleeren Bierflasche noch eine verbeulte, oben offene Coladose, in der bereits einige Münzen lagen.

„He, David, das ist unser Mann. Der alte Sack erdreistet sich, hier unten zu betteln. Geben wir ihm, was er verdient." Mit diesen Worten rannte Pascal zu dem Mann und trat ihm aus vollem Lauf mit dem Fuß in den Bauch. Wie vom Blitz getroffen klappte der Alte zusammen und stürzte zu Boden, wo er mit dem Gesicht aufschlug. Als er verängstigt aufschauen wollte, war David bereits da und trat nun seinerseits mit dem Fuß seitlich gegen seinen Kopf. Es gab ein knirschendes Geräusch, Blut rann aus dem rechten Ohr des Gestürzten. Als wäre das Geschehene nicht schon grausam genug, knieten sich die beiden auf den zuckenden alten Mann und schlugen immer wieder mit den Fäusten auf ihn ein. In diese Ecke des Bahnsteigs kamen normalerweise keine Passanten, und so kam niemand diesem Mann zu Hilfe.

* * *

Es war ein Zufall, dass Tom gerade an diesem Tag in der einfahrenden U-Bahn-Garnitur saß. Normalerweise nahm er für solche Fahrten seinen BMW. Doch der war heute nicht angesprungen. Tom hatte aber noch ein paar Erledigungen in der Münchner Innenstadt machen wollen. Und weil er seinen alten Bus lieber stehen ließ, hatte er sich für die U-Bahn entschieden. Aus dem Augenwinkel nahm er die Situation, die sich auf dem Bahnsteig abspielte, wahr. Offensichtlich hatte außer ihm niemand in seinem Abteil das Geschehen beobachtet. Als die Bahn stehen blieb, zwängte er sich durch die sich öffnenden Türen und bog sofort nach rechts in Richtung des Ausfahrtunnels ab. Während er sich dem Alten und den beiden jungen Männern näherte, schaute er, ob dieser Teil des Tunnels videoüberwacht war. Als er keine Kameras sah, eilte er zu dem regungslos am Bahnsteig liegenden Mann. Die beiden Schläger gingen soeben laut lachend und völlig unbekümmert weiter und stiegen die Treppe zum Ausgang hinauf. Tom kniete nieder und sah, dass er zu spät gekommen war. Die Augen des alten Mannes waren gebrochen und starrten ins Leere.

Tom gab sich einen Ruck und folgte den Tätern unauffällig. Seine Augen waren hasserfüllt. In diesem Moment legte sich in seinem Kopf ein Schalter um. Schon nach einer Minute hatte er sie wieder in Sicht. Bei seinen unzähligen Observationen hatte er gelernt, wie man Personen folgte, ohne selbst von ihnen wahrgenommen zu werden. Während er den beiden nachging, überlegte er, was er tun konnte. Würde man die jugendlichen Mörder festnehmen, würde sie vermutlich schon ein paar Tage später ein gut bezahlter Anwalt rausholen und somit das System lächerlich machen. Nein, diese Sache, auf die der Gerechtigkeitsfanatiker Tom hier durch Zufall gestoßen war, würde er selbst erledigen müssen. Er hatte auch schon einen Plan.

Tom war dem Duo nun schon eine Stunde lang gefolgt. Sie hatten die S-Bahn genommen. Nach einer Fahrt quer durch München waren sie in der Nähe des Forstenrieder Parks ausgestiegen und hatten ihren Weg in Richtung eines Waldpfades eingeschlagen. Was Tom nicht wissen konnte, war, dass die beiden auf einer Lichtung tiefer im Wald hochwertigen

Samen von Hanfpflanzen ausgebracht hatten. Hier versorgten sie sich mit Gras, wann immer sie Lust hatten. Tom folgte ihnen in einiger Entfernung. Er sah sich um und stellte fest, dass niemand sonst zu sehen und auch nichts zu hören war. Auf diesen Moment hatte er gewartet. Unauffällig näherte er sich den beiden Jugendlichen, die noch immer lautstark lachten und über ihre glorreiche Tat sprachen. Als er nur mehr einen Meter hinter den beiden war, ergriff er jeweils von der Seite die Köpfe der Jungen und stieß sie mit voller Wucht an den Schläfen zusammen. Wie Puppen fielen beide bewusstlos zu Boden. Tom zerrte sie nacheinander in ein Dickicht und fesselte sie mit zwei Kabelbindern an den Händen. Die Kabelbinder hatte er wie viele seiner Kollegen stets bei sich – eine alte Gewohnheit aus der Einheit. Für jeden Beamten gab es dort immer nur eine metallische Handfessel. Mit den Kabelbindern hatten er und seine Kollegen eine Reserve, die sie nutzen konnten, wenn weitere Täter dingfest zu machen waren. Tom zerriss Pascals T-Shirt in zwei Teile und stopfte diese den Bewusstlosen als Knebel in den Mund. In der Nähe fand er noch ein wenig Draht. Damit fixierte er die beiden zusätzlich an einem mittelgroßen Baum. Aus Davids Pulli fertigte er zwei Augenbinden. Als er diese den Jungen angelegt hatte, schnitt er sich mit seinem Messer aus einem Ast einen Knüppel und formte ihn, bis er die für ihn richtige Größe hatte. Dann setzte er sich auf den Boden und wartete darauf, dass seine Gefangenen aus ihrer Bewusstlosigkeit erwachten.

Es dauerte nicht lange und sie begannen zu stöhnen. Als sie realisierten, dass sie gefesselt, geknebelt und mit Augenbinden versehen waren, überkam sie eine bis dahin noch nie erfahrene Panik. Pascal begann zu weinen und David würgte an seinem Knebel. Plötzlich war da eine kalte und unbekannte Stimme an ihren Ohren: „Was ihr zwei vorhin am Bahnsteig abgezogen habt, war falsch. Der alte Mann ist tot. Ihr habt also gemordet. Dafür gibt es keine Entschuldigung. Ich werde euch der gerechten Strafe zuführen und ihr werdet so etwas wie heute nie wieder tun. Versteht ihr das?"

Pascal zuckte zusammen und versuchte panisch, seinen Knebel auszuspucken. Er fürchtete sich vor dem, was als Nächstes kommen würde, und konnte nichts dagegen tun.

Plötzlich war da wieder diese Stimme: „Genauso wie ihr hat sich vermutlich vorhin euer Opfer gefühlt. Der Mann war hilflos, hatte keine Chance und ihr habt jeden Schlag genossen. Nun ja, das werde ich zwar nicht tun, aber es wird schmerzhaft für euch werden, und glaubt mir, diesen Tag werdet ihr nie vergessen. Lernt daraus!"

Was dann geschah, konnte Tom nicht mehr kontrollieren. Er stand auf und schlug Pascal mit seinem Stock so kräftig gegen die Schienbeine, dass sie mit einem lauten Krachen brachen.

David hörte das und schrie wie wild in seinen Knebel. Die Kabelbinder schnitten in sein Fleisch, als er versuchte, sie loszuwerden. Schweiß strömte aus all seinen Poren. Er schrie noch immer, als Tom auch ihm mit dem Stock gegen die Schienbeine schlug. Der Schmerz, der dann folgte, brachte David an die Grenzen einer Ohnmacht.

Dann nahm sich Tom die Finger der beiden jugendlichen Mörder vor. Er nahm der Reihe nach jeden einzelnen Finger in die Hand und brach diesen, indem er ihn gegen das Gelenk bog. Als er anschließend noch einige Male mit voller Wucht seinen Stock gegen die Knie der Gefesselten sausen ließ und diese dadurch zu Krüppeln machte, fielen beide in eine Ohnmacht, aus der sie bis zum Ende der „Behandlung" nur mehr sporadisch für weitere klägliche Schreie erwachten. „Zahn um Zahn", dachte Tom, als er auch die Gesichter der beiden Gefesselten mit dem Stock bearbeitete. Als er fertig war, schnitt Tom die Kabelbinder ab und steckte sie ein. Er holte einen Plastikhandschuh aus einer seiner Hosentaschen und nahm den Burschen ihre Handys ab. Mit einem Stein zerschlug er sie am Boden. Die Jungen ließ er einfach liegen. Sie hatten kein Mitleid verdient. Den Stock nahm er mit und entsorgte ihn auf dem Rückweg irgendwo im Wald. Da der Waldboden zu dieser Jahreszeit aufgrund der Trockenheit sehr hart war, musste er nicht befürchten, Fußspuren hinterlassen zu haben.

* * *

Der tote alte Mann wurde rasch gefunden. Eine U-Bahn-Streife der Polizei entdeckte ihn in einer Blutlache liegend. Wenig später waren die Spurensicherer vor Ort.

Ein Ermittler der Tatortgruppe bat einen Zuständigen der Bahn um Mithilfe. „Gibt es in diesem Bereich eine Videoüberwachung?"

„Eigentlich nicht", war die Antwort, „aber eventuell sieht man etwas auf Aufzeichnungen der Kameras der U-Bahn-Garnitur und auf denen der Kameras bei der Tunneleinfahrt. Ich habe den Lokführer bereits angefunkt. Er wird sich in Kürze mit dem Band hier einfinden. Das andere Band und die Bänder von den Kameras im Gang können wir, wenn Sie möchten, gleich in meinem Büro sichten. Was für eine Scheiße! Wer tut so etwas nur?"

„Wenn wir das wüssten, wäre mir wohler, gab der Ermittler zurück und fuhr fort: „Danke, ja, ich komme gleich mit!" Der Beamte hatte während seiner Laufbahn schon einige Leichen gesehen, aber dieser alte Mann war offensichtlich auf eine sehr brutale Weise mit Tritten und Schlägen ermordet worden. Als sie das Büro des Bahnangestellten betraten, überprüfte der Dienstleiter gerade einige Kameraeinstellungen. Der anwesende Polizeiarzt hatte eine maximale Liegezeit des Toten von zwanzig Minuten ermittelt. Also wurde die Sichtung auf ungefähr diese Zeit eingestellt. Schon nach kurzer Zeit zeigten die Aufzeichnungen zwei Jugendliche, die offensichtlich auf Krawall aus waren, wie man an ihrem Verhalten gegenüber den anderen Fahrgästen unschwer erkennen konnte. Von Kamera zu Kamera ließ sich der Weg der beiden verfolgen, bis sie den Tatort ansteuerten. Am äußersten Rand des Bildes war gerade noch der Beginn der Tat zu erkennen. Einer der Jungen versetzte dem alten Mann einen gewaltigen Tritt aus vollem Lauf, sodass der Getroffene von der Bank fiel und außerhalb des Bildausschnitts zu liegen kam.

Der Dienstleiter überlegte: „Ich könnte versuchen, die Ausgänge zu schalten, vielleicht sehen wir dann, wohin die beiden geflüchtet sind."

„Das wäre gut! Ein Zoom auf die Gesichter der beiden wäre ebenfalls hilfreich."

Genau in dem Moment, als der Angestellte umschalten wollte, schrie der Beamte: „Stopp!" Auf dem Video war eine undeutliche Gestalt zu sehen, die sich am Tatort niederkniete und sofort wieder aus dem Bild verschwand. „Wer war das?"

„Kann ich nicht genau sagen, ein Zeuge vielleicht!"

„Aber warum geht er wieder weg? Es hat keinen Notruf gegeben. Würden Sie in einem solchen Fall nicht auch sofort die Polizei rufen?"

„Würde ich, aber nicht jeder in unseren U-Bahn-Schächten ist ein Freund der Polizei!"

In diesem Moment brachte ein weiterer Angestellter die Bänder aus der ausfahrenden U-Bahn-Garnitur. Darauf war jedoch aufgrund des ungünstigen Blickwinkels nichts Brauchbares zu sehen. Als sie die weiteren Bänder sichteten, sahen sie deutlich, wie die zwei Jugendlichen über eine Treppe hinauf zum Marienplatz liefen. Beide Gesichter ließen sich perfekt identifizieren. „Könnten Sie mir einen Ausdruck machen?", fragte der Tatortbeamte.

„Ja, natürlich", antwortete der Dienststellenleiter. „Ich kann Ihnen auch anbieten, einen Zusammenschnitt der Bänder zu machen und Ihnen diesen an Ihre E-Mail-Adresse zu schicken."

„Das wäre super. Was ist eigentlich mit dem Mann, der kurz nach der Tat am Tatort war? Wohin ist der gegangen? Er kann sich ja nicht in Luft aufgelöst haben."

So sehr sie sich auch bemühten, sie konnten diese Gestalt auf keinem der Bänder mehr sichten.

„Er muss die Kamerawinkel bewusst gemieden haben", meinte der Bahnangestellte. „So etwas ist mir bisher noch nie untergekommen."

* * *

Den beiden Jugendlichen kam die Zeit, bis sie gefunden wurden, endlos lange vor. Pascal war zuerst erwacht und hatte verzweifelt versucht, mit seinen gebrochenen Fingern den Knoten seiner Augenbinde zu lösen. Bei jeder Bewegung oder Berührung zogen Schmerzwellen durch seinen geschundenen Körper und es dauerte einige Zeit, bis er es endlich geschafft hatte. Irgendwann gelang es ihm auch, sich von dem Knebel zu befreien. Er spuckte geronnenes Blut und die zerbrochenen Zähne aus. Salzige Tränen brannten auf seinen offenen Wunden. Er versuchte, sich zu dem noch immer bewusstlosen David hinüberzuziehen, doch die Schmerzen ließen das nicht zu und er gab auf. Davids Gesicht war eine einzige blutige Masse. Pascal schauderte, als er daran dachte, dass der unheimliche Fremde, den sie nicht einmal gesehen hatten, zurückkommen und sein Werk fortsetzen könnte. Verzweifelt wollte er sein Handy aus seiner Tasche ziehen, aber da sah er seines und auch das von David vor sich auf dem Boden liegen. Mit einem Stein hatte der Unbekannte beide Geräte zerschlagen.

Kurz darauf erwachte David mit einem unbeschreiblichen Stöhnen aus seiner Ohnmacht. Trotz seiner Schmerzen rollte Pascal zu ihm und half ihm, seinen Knebel und die Augenbinde zu lösen. David wollte etwas sagen, brachte aber nur ein Röcheln zustande. Zwischendurch wimmerte er vor lauter Schmerzen.

Ein Jäger, der in der Dämmerung seinen Rundgang machte, sah, wie sein Hund in einem dichten Gebüsch verschwand und dann mit einem blutigen T-Shirt wieder zu ihm zurückkam. Vorsichtig näherte er sich der Stelle, an der der Hund seine Entdeckung gemacht hatte. Als er die beiden Burschen dort liegen sah, rief er sofort die Polizei und den Notarzt, bevor er damit begann, Erste Hilfe zu leisten. Schon kurze Zeit später trafen die ersten Helfer ein und übernahmen die Versorgung.

„Was ist nur mit denen passiert?", fragte einer der Polizisten, der den Tatort mit einem Absperrband markierte und absicherte.

„Keine Ahnung, aber es sieht schlimm aus. Da muss ein ziemlich kranker Typ am Werk gewesen sein", antwortete einer der Sanitäter, der bei den Verletzten kniete.

Die Jungen konnten aufgrund ihrer Mundverletzungen nicht sprechen und nur undeutliche Angaben machen. Einzig das Wort „Mann" war zu verstehen. Die beiden wurden nach einer Notversorgung in das nächstgelegene Krankenhaus gebracht. Aufgrund der gefundenen Ausweise wussten die Ärzte, dass es sich bei den Burschen um Pascal Herwig und David Gutmann handelte – Söhne von stadtbekannten Politikern. Das würde Ärger geben, vermutete der Oberarzt. Er wies eine Schwester an, die Eltern der Jungen zu verständigen und keinerlei Journalisten in diese Abteilung zu lassen beziehungsweise keine Auskünfte zu geben.

Beflissen machte sich die Schwester auf den Weg, während sich der Oberarzt in den Operationssaal begab, um sich auf die bevorstehenden notwendigen Eingriffe vorzubereiten. Es würde Stunden dauern, bis er und sein Team die Korrekturen an den zahlreichen gebrochenen Knochen versorgt haben würden. Erst später würde man sich um die zerstörten

Kiefer und Zähne kümmern können. Ob die beiden Jugendlichen je wieder so sein würden wie vor dem Vorfall, würde die Zeit zeigen. „Wie kann jemand nur so etwas tun?", fragte auch er sich.

* * *

Im Landeskriminalamt fand zu diesem Zeitpunkt ein Meeting statt. Beigel hatte dem BKA die Bildung einer Kommission vorgeschlagen, da es sich, wenn man die Vorfälle näher betrachtete, wahrscheinlich um einen Serientäter handelte. Der Chef des BKA hatte ihm bereits im Vorfeld fünf Kollegen versprochen, welche Beigel bei den notwendigen aufwändigen Erhebungen würden helfen können. Diese fünf, Hans, Frank, Maik und Willi sowie Toni, der Kollege aus Prien, waren anwesend.

„Nach der neuesten Spurenlage – soweit man bei diesen Spuren überhaupt davon sprechen kann – haben wir es vermutlich mit einem Wahnsinnigen zu tun, der sich als Rächer aufspielt. Die Schuhspuren an den einzelnen Tatorten sind zwar verschieden, aber wir wissen ja alle, dass für einen Profi ein Schuhwechsel keinerlei Probleme darstellt. Die Vorgehensweise ist in allen Fällen ähnlich und lässt uns annehmen, dass es sich um einen Spezialisten handelt. Wir haben keinen einzigen Fingerabdruck finden können. Mayer wurde mit einem Scharfschützengewehr hingerichtet, Müssing hatte Strangulierungsmale am Hals und keinerlei Haut unter den Fingernägeln, also gab es keine Abwehrmaßnahmen. Er muss – völlig ahnungslos – überrumpelt worden sein. Becher wurde mit einer Sprengfalle aus vier Handgranaten und einer aufwändigen Konstruktion aus dem Leben gerissen. Und wer weiß, was da momentan noch alles läuft. Wir werden einiges zu erheben haben und hoffen, dass der Täter irgendwann einen Fehler macht. Zum Glück werden uns einige Kollegen vom BKA technisch unterstützen. Allein würden wir es nicht schaffen. Im Falle eines Zugriffes wird uns das SEK Südbayern unterstützen. Das wurde uns auch schon zugesagt. Sie haben ein Team auf Abruf."

Beigel wurde durch einen Kollegen unterbrochen, der die Tür aufriss. „Chef, das solltet ihr euch ansehen, ich kann die internen Neuigkeiten gleich auf den Beamer schalten." Der Kollege setzte sich an den Computer und schaltete ihn ein.

Unaufgefordert verdunkelte Maik den Seminarraum und schaute gebannt auf die Leinwand, die hinter Beigel langsam heller wurde. Zuerst sahen sie eine Meldung über einen Stadtstreicher, der in der Station der U3 von zwei Jugendlichen so brutal zusammengeschlagen worden war, dass er noch am Tatort an den Folgen seiner Verletzungen gestorben war. Willi wollte schon nachhaken, was das mit ihrem Fall zu tun habe, als ihm die Worte schier im Halse stecken blieben. Denn das, was nun als zweite Meldung über den Beamer auf die Leinwand projiziert wurde, ließ alle im Raum gebannt innehalten. „Einige Stunden nach dieser Tat wurden zwei Jugendliche im Forsterrieder Wald schwer misshandelt und gefoltert von einem Jäger aufgefunden. Bei dem Täter soll es sich um einen unbekannten Mann handeln."

„Nun, was haltet ihr davon?", wollte der Kollege wissen.

„Zuerst mal danke, Kollege", sagte Beigel und nickte. „Es war die richtige Entscheidung, damit zu uns zu kommen. Aber wie zum Teufel sollte denn unser ‚Rächer', wenn wir ihn so nennen wollen, so schnell von dieser Tat erfahren haben?"

„Vielleicht war er rein zufällig in der Nähe, als es passierte", überlegte Maik.

„Ja, dann würde diese Sache genau in unser Schema passen. Warten wir erst mal die Spurenauswertung ab und entscheiden dann, was wir tun werden. Wir werden ab jetzt ausschließlich an diesem Fall arbeiten. Ihr könnt eure laufenden Akten an die Kollegen der Gruppe Fritz weitergeben. Es ist alles schon arrangiert. Für die Kollegen vom BKA habe ich einige Zimmer reserviert. Wir haben ab sofort jeden Morgen um acht Uhr ein Treffen, bei dem die täglichen Aufgaben vergeben werden. Um siebzehn Uhr werden wir jeweils die Ergebnisse des Tages zusammenführen. Das war es auch schon für heute." Er wandte sich an Maik: „Würdest du den Kollegen vom BKA noch einen Überblick über die bisherigen Ergebnisse geben?"

„Mach ich, Chef, und anschließend bringe ich sie zu ihren Unterkünften!"

„Toni", fuhr Beigel fort, „meine Frau hat gesagt, du könntest das Zimmer unseres Sohnes für deine Zeit hier bei uns haben. Sie würde sich freuen, dich wieder mal zu Gesicht zu bekommen."

Toni, der sich für diesen Fall freigespielt hatte, freute sich über das Angebot. Beigels Frau war die beste Köchin, die er jemals kennengelernt hatte. Und sie war eine typische Bayerin, immer zu Scherzen aufgelegt und außerdem noch eine Schönheit. Er freute sich schon auf den Abend, wenn auch in seinem Hinterkopf bereits alle Fakten zusammenliefen. Er war sich sicher, dass dieser aktuelle Fall mit ihren Fällen zu tun hatte, wenn auch nicht in der bisher bekannt gewordenen Form. „Danke, Jochen, ich wohne gern bei euch."

* * *

Die Operationen dauerten die ganze Nacht. Zwei Teams pro Jungen arbeiteten unermüdlich und abwechselnd an den beiden. Praktisch jeder Knochen in den Fingern und den Handwurzeln sowie die Schien- und Wadenbeine waren gebrochen und mussten geschient, gerichtet und fixiert werden. Auch die Blutversorgung war in einigen Fällen nicht mehr gegeben. Bei den Knien der beiden würden weitere Operationen notwendig sein. Bei Pascal war sich der Oberarzt noch nicht sicher, ob ein Bein amputiert werden müsste. Es sah nicht gut aus. Um drei Uhr in der Früh hatten dann die Kollegen vom Zahnambulatorium übernommen. Sie hatten die gebrochenen Kiefer mit Drähten und Spangen fixiert und erste kosmetische Kleinschritte unternommen, um den notwendigen späteren Operationen eine gute Basis zu liefern. Die Zähne beider Jungen waren bis auf einige wenige zertrümmert worden. Das war aber eher ein kosmetisches Problem. Dr. Schuhmann würde seinen Patienten einige Fragen zu dieser Sache stellen wollen, aber er wusste, dass die beiden, abgesehen von den mentalen Problemen, für längere Zeit nicht in der Lage sein würden zu sprechen oder irgendetwas aufzuschreiben. Ihn schauderte bei dem Gedanken, was Pascal und David mitgemacht hatten. Immer noch den Kopf schüttelnd ging er in die Ärzteunterkunft, legte sich in seinem Arbeitskittel auf sein Bett und fiel in einen traumlosen Schlaf.

∗ ∗ ∗

Der nächste Morgen im Krankenhaus begann hektisch. Schuld daran war Pascals Vater. „Ich will sofort zum Oberarzt, und zwar schnell!", schrie der aufgebrachte Mann im Anzug.

Hinter ihm stolperte eine überschminkte Frau auf ihren viel zu hohen Stöckelschuhen durch den Klinikgang. „Justus, denk an deinen Blutdruck. Nun beruhige dich doch!", rief Frau Herwig und zog ihn am Ärmel zurück.

„Was glauben die denn, wer ich bin?", polterte er. „Ich will meinen Sohn sehen, und zwar jetzt!" Aus dem Augenwinkel sah er seinen Freund Gutmann, der mit seiner Gattin auf einer Bank vor der Station saß. „Was machst du denn hier?"

„Vermutlich dasselbe wie du!", antwortete Gutmann. „Wie ich gehört habe, hat jemand unsere Jungs zusammengeschlagen. Unsere lieben Buben! Was ist das heutzutage nur für eine Welt?" Als er die Ungeduld von Pascals Vater spürte, ergänzte er: „Wir können nicht hinein, die beiden stehen noch unter Narkose. Der Oberarzt wird später mit uns über die Situation sprechen. Er schläft gerade, nachdem er und sein Team die ganze Nacht operiert haben." Ihm war das Auftreten seines Freundes peinlich.

„Er schläft? Mein Sohn wurde gefoltert, beinahe erschlagen, und dieser Mann schläft? Was ist das denn für ein Krankenhaus? Er soll sofort hier erscheinen, und zwar zackig!"

„Da bin ich ja schon!", erwiderte ein aufs Äußerste gereizter Dr. Schuhmann. „Bei dem Lärm, den Sie hier verursachen, ist wahrscheinlich inzwischen das ganze Krankenhaus wach. Eines kann ich Ihnen versichern: Wenn Sie sich nicht sofort zusammenreißen, dann lasse ich Sie noch in dieser Minute vom Sicherheitsdienst aus meinem Krankenhaus werfen!"

Herwig wollte gerade erneut aufbrausen, als er sah, dass sich der Gruppe zwei Uniformierte und zwei Zivilisten näherten, die ebenfalls wie Bullen aussahen. Auch das noch, dachte er sich, jetzt fehlen nur noch die Journalisten! Als hätte der Teufel seine Hand im Spiel, tauchte eine Gruppe von Fotografen auf. Sie versuchten, sich an einer wild gebärdenden Oberschwester vorbei in Richtung der Station zu drängen.

„Rufen Sie den Sicherheitsdienst und lassen Sie die Station sperren", rief Dr. Schumann einem Stationshelfer zu.

Zu den vier Polizisten, die sich zwischenzeitlich der Gruppe genähert hatten, sagte er in freundlichem Tonfall: „Guten Morgen, wie kann ich Ihnen helfen?"

„Könnte ich kurz unter vier Augen mit Ihnen sprechen, Herr Doktor?", fragte Oberkommissar Beigel.

„Natürlich, warten Sie bitte einen Moment, ich muss hier nur noch etwas klären. – Wer sind Sie eigentlich?", fragte er den Tobenden.

„Ich bin Justus Herwig, Politiker und Vater von Pascal Herwig."

„Gut. Und ich bin der Oberarzt, der die ganze Nacht Ihren Sohn operiert hat." In Richtung der Gutmanns sprach er weiter: „Sie können Ihre Söhne frühestens in drei Stunden sehen, wenn die Narkose nachgelassen hat. Aber machen Sie sich keine Hoffnungen, die beiden können weder sprechen noch etwas aufschreiben. Ihr Besuch wird nur kurz sein, und das war es dann auch schon. Habe ich mich klar ausgedrückt?"

Justus Herwig schluckte. Er war es nicht gewohnt, dass ihm jemand widersprach. Aber hier und vor diesem Publikum würde er den Kürzeren ziehen, das spürte er. Also nickte er nur und setzte sich zu seinem Freund, der erleichtert aufatmete.

„Hier herein, Herr ...?"

„Beigel, Oberkommissar Beigel vom LKA München."

„Wie kann ich Ihnen dienen?", fragte der Oberarzt.

Er sah übermüdet aus, dachte Beigel. „Herr Doktor, ich bitte Sie, das, was ich Ihnen jetzt sagen werde, vorerst für sich zu behalten. Sie haben heute Nacht vermutlich zwei Mörder behandelt. Die beiden Jungen haben gestern in der U-Bahn-Station unter dem Marienplatz einen Obdachlosen auf grausamste Art erschlagen. Irgendjemand hat diese Tat offensichtlich beobachtet und den alten Mann auf diese unglaubliche Weise gerächt. Können Sie mir irgendetwas über die Art der Verletzungen und eventuell über die Art der Verursachung sagen?"

Dr. Schumann musste sich setzen. Diese Nachricht war zu dieser Tageszeit und unter den gegebenen Umständen fast zu viel für ihn. „Nun ja, Herr Kommissar, ich habe mich bereits genug gewundert. Die Jungen waren zur Zeit der Misshandlung mit Sicherheit gefesselt. Die Handgelenke sind bei beiden ziemlich aufgerieben. Vermutlich Plastikfesseln. Sie dürften mit den Köpfen zusammengestoßen worden sein. Die jeweiligen seitenversetzten Verletzungen an den Schläfen lassen diesen Schluss zu. Was die Verletzungen an den Beinen und im Gesicht angeht: Die dürfte den Jungen mit einem Prügel oder etwas Ähnlichem beigebracht worden sein. In sämtlichen Wunden haben wir Reste von Rinde gefunden, sogar im Gesicht! Die Schläge wurden mit großer Wucht und Präzision ausgeführt. Das Schlag- beziehungsweise Verletzungsmuster ist bei beiden nahezu identisch. Die Finger wurden wahrscheinlich einzeln gebrochen. Die Fingergrundgelenke waren fast herausgerissen – sehr schmerzhaft für die Betroffenen. Da muss jemand einen großen Hass verspürt haben. Ein Verrückter?"

„Da sind wir uns noch nicht sicher. Aber wir vermuten, das ist nicht die erste Tat dieser Person. Wie lange wird es dauern, bis wir mit den Burschen sprechen können?"

„Das kann ich nicht sagen. Aufgrund der Frakturen im Gesichts- und Kieferbereich kann es Tage dauern, bis sie überhaupt wieder sprechen können. Ihre Finger sind eingegipst, also werden sie auch nichts aufschreiben können. Aber Sie werden ihnen Fragen stellen können, die sie mit einem Kopfnicken oder mit Kopfschütteln beantworten können."

„Ich danke Ihnen, Herr Doktor. Ich sehe mich gezwungen, bis auf Weiteres einen Beamten vor dem Zimmer der beiden zu postieren. Erstens sind die Jungen Mordverdächtige und zweitens kann es sein, das der Täter noch nicht genug hat!"

„Mein Gott, daran habe ich noch gar nicht gedacht!" Der Oberarzt wirkte bestürzt. „Ich danke Ihnen. Natürlich wird der Beamte jede Unterstützung bekommen."

Als Beigel vor die Tür trat, stand Justus Herwig auf und kam auf ihn zu. „Was gedenkt denn unsere Polizei in diesem Fall zu tun? Ich hoffe doch, Sie werden alles in Bewegung setzen, damit derjenige, der unsere Jungen so zugerichtet hat, bald hinter Gittern sitzen wird?"

Das war genau das, was Beigel heute nicht gebrauchen konnte: einen dieser größenwahnsinnigen Besserwisser. Er hatte den Politiker, der hier vor ihm stand, noch nie gemocht – wie viele andere auch. Wie hatte der innerhalb seiner Partei nur so weit kommen können? „Herr Herwig", sagte er,

„wir sind hier nicht auf einer politischen Bühne. Das, was mit Ihrem Sohn und David passiert ist, tut mir leid. Und ich darf Sie vorerst einladen", sein Blick ging nun zu Herrn und Frau Gutmann, „alle mit mir zu kommen. Ihre beiden Söhne haben gestern einen Mord an einem Obdachlosen begangen. Und dieses Verbrechen ist jemandem, der die Sache beobachtet hat, sauer aufgestoßen. Genau aus diesem Grund sind Ihre Kinder jetzt so zugerichtet."

Herwig schrie auf: „Was erlauben Sie sich, meinen Sohn so zu beschuldigen! Er ist ein Opfer und kein Täter. Unser kleiner Pascal. Gertrud, hör dir diesen Irren an. Sie ... Sie ... Ich werde zusammen mit meinen Anwälten dafür sorgen, dass Sie heute Ihren letzten Tag bei der Polizei hatten. Sie sind ja wahnsinnig. Gutmann, sag du mal was!"

Aber Gutmann hatte bereits den Ernst der Sache begriffen. Sein Sohn war in einen Mord verwickelt! Im Gegensatz zu Herwig hatte er im Laufe der letzten Monate mitbekommen, wie sehr sich sein Sohn zum Schlechten verändert hatte. Seine schulischen Leistungen hatten rapide nachgelassen und sein Verhalten gegenüber seinen Eltern war eine Katastrophe. Er nahm seine urplötzlich erblasste Frau bei der Hand und trat vor Beigel. „Herr Kommissar, wir kommen mit Ihnen."

Der Sicherheitsdienst der Klinik kam den Gang herauf und nahm den wild um sich schlagenden und schreienden Herwig in die Mitte. „Kommen Sie, beruhigen Sie sich doch endlich!", sagte einer der beiden Hünen und wollte Herwig am Arm festhalten. Doch dieser riss sich los und ging mit rudernden Armen auf Beigel los. Beigel wich zurück, ließ Herwig ins Leere laufen und stellte ihm sein rechtes Bein in den Lauf. Herwig fiel der Länge nach hin und schlug hart auf dem gefliesten Boden auf. Bevor er sich aufrappeln konnte, war einer der Uniformierten bei ihm und legte ihm Handschellen an. „Sie sind vorübergehend wegen tätlichen Angriffs auf einen Polizeibeamten festgenommen, Herr Herwig."

„Das wird Ihnen noch leidtun, Sie mieses Arschloch!", schrie Herwig und bemerkte, dass ein Kameramann, der sich offensichtlich an der Oberschwester vorbeigeschmuggelt hatte, die Szene mit laufender Kamera festhielt. „Schalten Sie das Scheißding aus!", zeterte er. „Ich werde Ihren Scheißsender verklagen!"

Der Kameramann hielt eisern drauf. Er wusste, dass er gerade einen Quotenhit filmte. Je aufgeregter Herwig war, desto besser. Wow, wenn er richtig gehört hatte, was dieser Polizist zu Gutmann und Herwig gesagt hatte, würde ganz München den Skandal des Jahres, ja den eines Jahrzehnts bekommen. Und einen Politiker mit Handschellen am Boden! Das war sein Tag!

* * *

Gräfin von Trautheim ging mit einem Strauß roter Rosen zum Grab ihrer Ziehtochter. Sie trug ein kurzes schwarzes Kostüm und einen modischen Hut, der perfekt zu ihrem Outfit passte. Heute war ein denkwürdiger Tag. Als sie das Grab erreichte, kniete sie andächtig nieder. Zuerst sprach sie ein kurzes Gebet. Dann sah sie sich um, und erst, als sie sich sicher war, dass niemand in der Nähe war und sie beobachtete, griff sie in ihre Tasche und entnahm die am Vorabend präparierte Kerze, welche sie von dem Unbekannten erhalten hatte. Sie stellte sie wie vereinbart in die Glaslaterne und schloss diese wieder. Dann kniete sie noch lange vor dem Grab mit den wunderschönen Rosen, die sie in einer Kristallvase mitten auf den gut gepflegten Grabhügel gestellt hatte. Ab morgen würde sie versuchen, ihr restliches Leben so zu führen, wie sie es früher immer getan hatte. Sie freute sich darauf, stand auf, nickte ein letztes Mal in Richtung Sylvias Grab und verließ den Friedhof mit einem Lächeln auf den Lippen.

* * *

Tom saß völlig relaxed auf seinem alten Sofa und schnitt alle Berichte über Mayer, Becher, Müssing und über die Tat an dem Obdachlosen in der U-Bahn aus den aktuellen Zeitungen. Von den Jungen war noch nichts gebracht worden, aber das war nur noch eine Frage der Zeit. Tom war sich sicher, dass deren Verletzungen für weit mehr Aufregung sorgen würden als ihre Tat in der U-Bahn-Station. Zu diesem Zeitpunkt ahnte er noch nicht, wen er da in die Mangel genommen hatte. Und wenn er es gewusst hätte, wäre seine Einstellung zu dieser Tat noch immer dieselbe.

Als er mit seiner Arbeit fertig war, steckte er jede einzelne Seite vorsichtig in eine Plastikhülle und legte diese dann in einem Aktenhefter ab. Die „Bearbeitung" der beiden Täter hatte ihn mental mehr Energie gekostet, als er sich gedacht hatte. Aber sie hatten es verdient. Eine andere Sache beunruhigte ihn noch. Morgen würde ein gewisser Beigel vom LKA München zu ihnen auf den Schießstand kommen. In der Sache Mayer, hatte sein Chef gesagt. Dieser hatte ihn gebeten, dem Oberkommissar alle Fragen zu Scharfschützengewehren und Munition zu beantworten. Tom war einer der Besten auf diesem Gebiet, und so hatte der Chef ihn vorgeschlagen. Ironie des Schicksals, dachte er. So nahe würde der Jäger dem Täter wahrscheinlich nie wieder sein. Hoffentlich irrte er sich da nicht. Aber seines Wissens nach hatte er bislang keine Fehler gemacht.

* * *

Am nächsten Morgen trafen sich alle wie besprochen um acht Uhr im Seminarraum des LKA. Beigel hatte dafür gesorgt, dass auf einem Tisch einige große Thermoskannen mit duftendem Kaffee bereit standen. Irgendein Kollege hatte sogar noch ein paar Laugenbrezeln mit Butter danebengestellt. Typisch bayerisch, dachte er.

„Guten Morgen, Männer! Wie schaut es aus, haben wir irgendetwas Neues?"

Maik meldete sich als Erster. „Eine ganze Menge, Chef. Zuerst einmal der Kracher schlechthin: Dieser Herwig, der dich gestern im Krankenhaus beleidigt und angegriffen hat, macht Gott und die Welt rebellisch. Er war gestern in den Abendnachrichten live zu sehen, wie er da am Boden lag, schäumend vor Wut, in Handfesseln. Seine verbalen Ausraster live im Fernsehen! Und natürlich dann noch der Mord des Obdachlosen durch zwei Politikerkinder und die anschließende Rache durch einen Unbekannten. ‚Auge um Auge, Zahn um Zahn!' und ‚Der unbekannte Rächer schon wieder aktiv?' – so ungefähr lauten die Schlagzeilen in allen Revolverblättern! Die Journalisten haben in unserer Pressestelle bereits Hunderte Anfragen gestellt. Und in der Lokalpolitik laufen die Räder plötzlich schneller als normal. Ich glaube, die sind bereits dabei, diesen Herwig abzusägen. So ein Wichtigtuer macht sich nicht gut in einer Partei, das könnte sie einige Wählerstimmen kosten."

„Nun ja, es war Pech, dass dieser Kameramann so nahe am Geschehen war und die richtigen Schlüsse gezogen hat. Aber das stehen wir schon durch. – Willi, schon etwas Neues von der Spurensuche?"

„Ja, Chef, wie immer keine Spuren, keine Tatwaffe, keine Fußspuren – nichts! Sogar die Fesseln hat der Täter mitgenommen. Die Knebel und die Augenbinden hat er offensichtlich aus den T-Shirts seiner Opfer gefertigt. Die brutalen Schläge wurden mit einem Ast oder etwas Ähnlichem ausgeführt. Ich glaube, er war auf diese Tat nicht vorbereitet und hat improvisieren müssen. Wir sollten auf jeden Fall noch einmal alle Videos in der U-Bahn-Station und in den angrenzenden Straßen checken. Vielleicht ist unser Mann irgendwo zu sehen, und eventuell kann man seine Aufzeichnung in dem Moment, als er neben dem Toten kniete, digital nachbearbeiten, um ein besseres Ergebnis zu erzielen."

„Das übernehmen wir", meldete sich einer der BKA-Männer. „Wir haben dafür die richtige Software!"

„Danke, Günter, das wäre perfekt." Beigel ergriff wieder das Wort. „Ich werde heute zum SEK Südbayern fahren. Jupp hat es mir ermöglicht, mit einem seiner besten Männer über die Sache Mayer zu sprechen. Dieser Mann – sein Name ist Tom – wird mich in die Geheimnisse der Scharfschützen einführen."

„Na, dann pass mal auf dich auf, Chef, und mach dich nur nicht unbeliebt!", lachte Maik, der Tom schon lange kannte.

„Ich pass schon auf mich auf, Maik", lachte er. „Haben wir sonst noch etwas, das uns weiterhelfen könnte? Toni, haben deine Leute in Prien was Neues?"

„Nur das, was ich dir bereits gesagt habe. Bei Wittner war ich auch schon. Er hat nur das bestätigen können, was uns die Chefin des Escort-Service bereits gesagt hat. Aber ich werde heute das Mädchen Sophie Levebre befragen."

„Da wäre ich gern dabei gewesen, aber mach das nur, Toni, und gib mir dann Bescheid."

Einer der Kollegen vom BKA meldete sich zu Wort: „Ich glaube, wir sollten auch noch ein oder zwei Leute abstellen, die überprüfen, ob es in naher Zukunft irgendeine fragwürdige frühzeitige Entlassung eines Straftäters geben wird. Vielleicht sogar im Speziellen bei Sexualstraftätern. Ich sehe da einen eventuellen Zusammenhang."

„Ja, das könnte ein Anfang sein. Könnt ihr das abdecken?"

„Natürlich", gab Günter, der Chef der fünf Kollegen, zurück. „Wir machen das schon. Wir haben gute Verbindungen zur Justiz."

„Danke, Jungs, ihr seid uns eine große Hilfe." Beigel blickte in die Runde, aber keiner der anderen Anwesenden konnte ihm noch etwas anbieten.

„Wie schaut es mit Pascal und David aus? Wer übernimmt die beiden?", fragte Hans. Er war mit Frank bisher nicht weitergekommen.

„Aufgrund ihres Zustandes können sie vermutlich erst in einigen Tagen befragt werden. Ich hab sie mir angeschaut. Eingepackt und eingegipst wie ein Paket, mit Röhrchen und Plastikschläuchen in jeder Öffnung. Fürs Erste haben wir einen Beamten vor die Tür gesetzt. Vielleicht kommt der Täter ja zurück und vollendet sein Werk."

Daran glaubte Beigel zwar nicht, aber er wollte sichergehen. Weder in der Sache Mayer noch bei Becher oder Müssing hatten sich bisher verwertbare Spuren gefunden. Die Handgranatenreste aus Bechers Haus ließen laut den Spezialisten auf eine serbische Bauart schließen, aber so etwas konnte man auf dem Schwarzmarkt bei ehemaligen serbischen Soldaten schon für dreißig Euro das Stück erstehen. Bei Müssing war ein Profi am Werk gewesen. Die Verwendung einer Fensterfalle und eines derart schnell wirkenden Würgegriffs ohne mögliche Gegenwehr machten Beigel nervös. Aber das ließ er sich vor dieser Gruppe nicht anmerken.

„Kollegen, wie schon gesagt, wir treffen uns heute vor Feierabend, wie besprochen. Ihr wisst ja, was ihr zu tun habt. Maik, wenn du Lust hast, kannst du mich begleiten."

„Mach ich, Chef."

* * *

Tom war um fünf Uhr aufgestanden, um noch vor Dienstantritt eine Runde zu joggen. Wie immer lief er die acht Kilometer zu dem kleinen Badesee außerhalb seiner Siedlung. Um diese Zeit war außer ihm noch niemand auf den Beinen. Nach einigen kurzen, aber harten Sprints kam er völlig ausgelaugt am kiesigen Ufer an. Er zog sich aus und sprang nackt in das kalte Wasser. Mit kräftigen Kraulzügen durchschwamm er den See, drehte nach einer kurzen Pause um und schwamm ruhig und kontrolliert zurück. Nass, wie er war, zog er sich an und lief in gemächlichem Tempo zurück nach Hause.

Dann frühstückte er ausgiebig und fuhr im BMW zur Schieß-
stätte der Bundeswehr, die sie am heutigen Tag zur Verfügung hatten.

Bis Beigel kommen würde, wollte er noch einige Einstel-
lungen an seinem Gewehr vornehmen. Er stellte Klein-
ziele in Entfernungen von fünfzig, hundert, zweihundert
und dreihundert Metern auf. Es waren jeweils Täter-Opfer-
Scheiben. Da das Opfer auf den Scheiben jeweils direkt vor
dem Täter stand, hatte der Schütze nur ein minimales Ziel,
das er bekämpfen konnte, ohne die Geisel zu gefährden. Er
legte einen Entfernungsmesser und einen Feldstecher auf die
Decke am Boden und baute sein Gewehr auf. Dann nahm
er seine „Bibel" aus dem Koffer. Jeder Scharfschütze hatte
so ein kleines Buch. Bei jedem Schießen herrschten andere
Bedingungen. Regen, Wind, Licht und viele andere Faktoren
wie Schusswinkel, Entfernung und das jeweilig verwendete
Geschoss konnten Abweichungen bedeuten, die einen präzi-
sen finalen Schuss unmöglich machten. Aber heute war ein
perfekter Tag. Kein Lüftchen wehte und die Sonne würde den
Platz erst später aufheizen.

Tom verwendete für das Schießen mit Beigel eine öster-
reichische Produktion. Das Steyr Mannlicher SSG 69 war eine
alte, aber verlässliche Waffe mit einer Swarovski-Optik. Tom
legte sich hinter dem Gewehr auf den Boden. Er hatte eine
alte Wolldecke mitgebracht, damit das Schießen auch für Beigel halbwegs bequem ausfallen würde. Er steckte ein Magazin mit fünf Patronen an und hebelte den Verschluss nach
vorn, wodurch er eine Patrone in den Laderaum beförderte.
Dann drückte er den Gewehrkolben fest in die rechte Schulter
und nahm das Ziel in hundert Metern Entfernung ins Visier.
Mit der linken Hand justierte er das Dreibein, bis das Ziel im
Fadenkreuz die richtige Höhe erreicht hatte. Er atmete leicht
aus und zog den Abzug durch. Schließlich wiederholte er
diese Übung und nahm danach das Fernglas zur Hand. Da

dieses Gewehr auf hundert Meter eingeschossen war, betrug
. die Abweichung beider Geschosse nicht einmal einen halben
Zentimeter. Tom war zufrieden. Er hatte schon an mehreren
Wettbewerben von Spezialeinheiten in ganz Europa teilgenommen und sich stets im Vorfeld etabliert.

In diesem Moment hörte er einen Wagen den kiesigen
Zufahrtsweg heraufkommen. Das würde Beigel sein. Er sah,
wie sich beide Wagentüren öffneten. Schon von Weitem nahm
er Maik als Beifahrer wahr. Maik, dachte er sich, der alte Hase
von der GSG9, was machte der denn hier? Er hatte Maik bei
Wettkämpfen kennengelernt. Vom ersten Moment an hatte
er den ruhigen Kollegen gemocht. Sie hatten nach dem Wett-
kampf im Festzelt über unzählige Einsätze auf beiden Seiten
gesprochen, Erfahrungen ausgetauscht und sich auch später noch einige Male privat getroffen. Nach Maiks Unfall und
seinem Ausscheiden aus der Einheit war der Kontakt leider
abgerissen. Tom freute sich in diesem Fall umso mehr.

Maik ging es genauso. Er hatte nicht geahnt, hier und heute
auf seinen alten Freund Tom zu treffen. „Hallo Tom", rief er
und streckte ihm die Hand hin. „So ein Zufall! Darf ich dich
mit meinem Chef bekannt machen? Das ist Oberkommissar
Beigel – kannst auch Jochen zu ihm sagen – vom LKA München, meiner neuen Arbeitsstelle. Wir sind heute hier, weil
wir in einer Sache nicht weiterkommen. Vielleicht kannst du
uns helfen!"

„Hallo Maik, hallo Jochen. Das hoffe ich auch. Was wollt ihr
denn wissen?"

„Nun ja", begann Beigel, „du hast sicherlich von dem Fall
Mayer gehört. Er wurde mit einem Scharfschützengewehr
erschossen. Wir haben keinerlei Anhaltspunkte und hoffen,
dass du uns weiterhelfen kannst. Bei dem Geschoss handelte
es sich um ein Sierra .308 hollow grain, Winchester. Die Tatortgruppe hat es im Türrahmen hinter dem Toten gefunden.
Die Spitze dürfte verändert worden sein. Der Schütze musste

einen Winkelschuss von oben nach unten ausführen. Entfernung siebenundneunzig Meter. Geschosseintritt direkt unterhalb der Nasenwurzel."

„Klingt nach Profi", sagte Tom. „Ihr habt Glück. Ich habe heute ein Steyr Mannlicher mit und habe gerade zwei Probeschüsse aus hundert Metern Entfernung gemacht. Zwar war es kein Winkelschuss, aber ich habe die gleiche Munition verwendet. Und gleich zwei Nasenwurzeltreffer! Ha, ha, ich glaube, ihr habt gerade den Täter gefunden. Da, Maik, schau mal." Er händigte Maik den Feldstecher aus.

Maik konnte die Treffer sofort sehen. Wie immer, dachte er sich, mitten im Ziel. Sein Freund hatte nichts verlernt. Er gab Beigel das Glas weiter, damit auch er sich ein Bild machen konnte. „Wahnsinn!", sagte der. „Wenn es nur so einfach wäre!"

„Also, Tom", meinte Beigel, „wir nehmen dich fest, du gestehst und alles ist erledigt."

Alle drei lachten, bis Tom sie unterbrach: „Wir haben auch die anderen Fälle, die ihr bearbeitet, verfolgt. In unseren Reihen seid ihr Tagesgespräch. Denkt ihr wirklich, dass das alles einer von unseren Leuten oder von der Bundeswehr getan haben könnte? Ich glaube, eine Untersuchung euererseits in diese Richtung könnte einigen sauer aufstoßen!"

„Wir müssen einfach in alle Richtungen ermitteln", beruhigte Maik seinen Freund.

„Ihr habt ja nicht unrecht, aber habt ihr eine Ahnung, wie viele Leute einen solchen Schuss abgeben können?"

„Wissen wir, aber es war ein Winkelschuss nach unten und der Treffer war perfekt. Die Handgranatensprengfalle war ein ausgeklügeltes System und der Anwalt wurde in Sekundenschnelle erwürgt. Er konnte sich nicht einmal wehren. Ich glaube auch nicht, dass es so viele gibt, die eine Fensterfalle so präzise einsetzen. Und vergiss nicht, dass wir bisher keinerlei Spuren finden konnten, auch nicht bei den beiden Burschen im Forsterrieder Wald. Das sind einfach zu viele Zufälle", gab Beigel zu bedenken.

„Das wusste ich alles nicht, das ändert natürlich einiges. Nun, dann fangen wir einmal mit dem Scharfschützen an. Diese Munition kann sich jeder beschaffen. Nichts Unübliches. Im Normalfall würde ein Scharfschütze ein Geschoss nicht verändern, weil es sich auf die Flugbahn auswirkt. Aber bei dieser Entfernung nicht wirklich ein Problem. Es gibt viele Gewehre, mit denen man diese Munition verschießen kann, also auch kein Punkt, der uns weiterhilft. Handgranaten können die vom Bund nicht so ohne Weiteres abzweigen. Aber kaufen kannst du so etwas bei Leuten aus Serbien und Kroatien. Im Krieg sind unzählige Kisten mit diesem Zeug abhandengekommen! Das mit der Fensterfalle ist schon eher etwas Spezielles, aber auch die Einbrecher aus dem Osten haben bei Festnahmen häufiger so etwas dabeigehabt. Und wie ist das mit den beiden jungen Burschen passiert?"

„Der Täter hat sie wahrscheinlich schon von der U-Bahn aus verfolgt. Er muss sie dann auf dem Waldweg von hinten mit den Köpfen zusammengestoßen haben. Aber wir wissen noch nicht mit Sicherheit, ob es derselbe Täter war wie in den anderen Fällen."

„Und warum glaubt ihr, dass er sie schon von dort aus verfolgt hat?", fragte Tom, dem nach dieser Äußerung leicht warm wurde.

„Wir haben ein Video gesichtet, auf dem ein Unbekannter kurz nach der Tat bei dem toten Opfer in der U-Bahn niederkniete."

„War der Mann zu erkennen?"

„Nein, leider nicht. Wir arbeiten zwar daran, aber viel wird nicht daraus werden, fürchte ich."

Innerlich atmete Tom tief durch. Er war der Meinung, ganz genau auf Kameras geachtet zu haben, aber einen kleinen Winkel dürfte er dann doch übersehen haben. Hoffentlich dein letzter Fehler, dachte er sich. „Also, wenn das alles ein und derselbe Täter war, dann akzeptiere ich euer Denken. Aber wisst ihr eigentlich, wie viele SEK-, GSG9-, KSK[1]-Beamte und andere Spezialisten es in Deutschland gibt? Und dann noch all die Einzelgänger, die sich ein solches Wissen selbst beibringen."

„Ja, natürlich. Also glaubst du auch, dass es einer von euch hätte sein können?", fragte Maik.

„Unwahrscheinlich. Ich kenne unsere Leute und auch viele aus den anderen Bundesländern; aber ich würde keinem von ihnen solche Taten zutrauen."

„Danke dir, Tom, und entschuldige mein Späßchen von vorhin! Könnten wir jetzt vielleicht ein paar Schuss abfeuern? In meiner Position habe ich für so etwas leider nie Zeit."

„Natürlich, Jochen, das werden wir gleich tun. Und keine Sorge, ich nehme so etwas nicht so persönlich wie meine Kumpel."

Autsch, ins Fettnäpfchen getreten, dachte sich Beigel. Voller Erwartung legte er sich hinter das Gewehr und Tom gab ihm erste Anweisungen. „Du kannst das Glas auf dein Auge einstellen. Dreh einfach vorn an der Optik, bis du das Ziel scharf siehst. Nimm die zweite Scheibe auf hundert Meter. Die da, neben dem Baum rechts an der Bahn. Natürlich bekämpfst du nur den Täter, klar? Die Waffe ist bereits geladen, du musst nur noch den Sicherungshebel umlegen. Pass auf, der Abzug geht ganz leicht. Und vergiss nicht den Gehörschutz. Tom hatte natürlich für alle einen dabei.

Maik lachte in sich hinein. Sein Chef lag da wie ein gestrandeter Wal. Ein wenig Training würde ihm nicht schaden."

Beigel sah den Kopf des Täters ganz groß und klar vor sich. Er ließ das Fadenkreuz bis unter die Nase des Täters wandern. So muss es der Täter auch gesehen haben, dachte er sich. Er atmete langsam aus, berührte den Abzug und der Schuss

---

1 KSK – Kommando Spezialkräfte

brach. Beigel war überrascht. Er hatte mehr Abzugsgewicht erwartet.

„Und? Wie war ich?", rief er zu Maik hinüber.

Maik nahm das Glas an sein Auge und konnte es nicht glauben. Sein Chef, der komplette Anfänger auf diesem Gebiet, hatte den dritten Schuss auf dieser Scheibe genau zwischen die beiden von Tom gesetzt. „Anfängerglück, Chef, du hast dich soeben zu einem Verdächtigen gemausert. Wo warst du eigentlich an allen Tattagen?"

Nun waren es die anderen beiden, die herzhaft lachten.

Den restlichen Vormittag verbrachten die drei auf dem Schießplatz, wo sie neben einigen Schüssen auf verschiedene Ziele noch weiter über die verschiedenen Taten sprachen. Ohne es zu wissen, gaben Beigel und Maik Tom einige wichtige Informationen, die er für sein weiteres Vorgehen nutzen konnte. Am meisten interessierten Tom die Erhebungen in Richtung der frühzeitigen Entlassungen von verurteilten Straftätern.

* * *

Haller Fritz war eine der Größen im Münchner Geschäft, wenn es um Drogen und Prostitution ging. Er war ein ehemaliger Boxer und gab sich seit seiner Kindheit mit schrägen Typen ab. Dabei hatte er sich auf der Straße durch seine Brutalität einen Namen gemacht. Angst kannte er nicht, die überließ er seinen Kontrahenten. Nach einigen Aufenthalten in Jugendstrafanstalten, bei denen er den restlichen Feinschliff für die Straße erhalten hatte, war sein Weg vorgegeben, als er sich bei Otto, dem König der Münchner Unterwelt, schon bald nach seiner letzten Entlassung als Nummer zwei etablierte. Er trieb in dieser Position unter anderem jene Summen ein, die säumige Zahler nicht fristgerecht an Otto ablieferten. Da es viele von ihnen gab und Otto sich in seiner Position nicht mehr die Hände schmutzig machen wollte, konnte und wollte Fritz dabei nicht zimperlich sein. Er war ein Spezialist mit dem Messer. Mehrere Schnitte und Krankenhausaufenthalte seiner Opfer ließen die Rückzahlungen an Otto wieder auf ein normales Maß ansteigen. Und damit bekam Fritz auch neue Aufgaben. Er verhandelte mit den Zulieferern aus Holland über die Preise für alle Drogen, die Ottos Verteiler dann in München wieder unter die Leute brachten.

Und genau dieser Haller Fritz stand jetzt vor sieben Prostituierten, die alle für Otto arbeiteten. Einige seiner kleinen Gauner standen rechts und links daneben. Seit gestern fehlte aus dem Tresor der Clubchefin ein halbes Kilo Koks, feinstes unverschnittenes Koks, das Otto immer in diesem Club zwischenlagerte. Eigentlich genial, weil bisher noch bei keiner Hausdurchsuchung etwas anderes von Interesse gewesen war als die Mädchen, die hier arbeiteten. Schon oft waren die erhebenden Beamten neben dem manchmal unversperrten Tresor mit einigen Kilos Suchtgift vorbeigegangen. Aber diesmal war intern etwas schiefgelaufen. Nur diese sieben Mädchen hatten die Möglichkeit gehabt, etwas aus dem leider wieder einmal offenen Tresor zu entnehmen. Fritz hatte auch schon einen Verdacht. Svetlana, die blonde Polin, war eine Fixerin. Doch bevor er sich die Mühe machen würde, alle Zimmer des gut gesicherten Bordells zu durchsuchen, würde er ihnen eine letzte Chance geben.

„Also, Mädels, machen wir es kurz: Gestern hat eine von euch ein halbes Kilo feinsten Stoffs aus dem Tresor genommen. Ich will wissen wer und warum. Letzte Chance – ich warte!"

Er sah, wie die Augen der Polin zuckten, ging einen Schritt vor und schlug ihr unvermittelt mitten ins Gesicht.

Svetlana schrie auf und begann sofort aus der Nase zu bluten. „Ich war es nicht! Fritz, bitte nicht!"

Doch Fritz kam jetzt erst recht in Fahrt. Ein schneller Schlag in die Magengrube ließ Svetlana zusammenklappen. Er riss sie an den Haaren hoch und zog sie wie einen Hund hinter sich her, bis er bei ihrem Zimmer angelangt war.

„Wo?", war das Einzige, was Fritz herausbrachte.

In diesem Moment wusste Svetlana, dass sie verloren hatte. Sie hatte nicht weitergedacht, als sie die vier kleinen Säcke mit dem Koks in dem offenen Tresor der Chefin liegen sah. Für eine kleine Fixerin wie sie war die Versuchung einfach zu groß gewesen. In einem unbeobachteten Moment hatte sie einen der kleinen durchsichtigen Plastiksäcke an sich genommen und bis zum jetzigen Zeitpunkt schon mindestens zehn Gramm verkokst.

„Im Bad. Im Spülkasten der Toilette!"

Fritz warf sie auf ihr Bett. Nach einigen Sekunden kam er triumphierend aus dem Bad, den kleinen Beutel in seiner rechten Hand. „Na bitte, geht doch." Damit riss er sie an den Haaren vom Bett hoch und zog sie hinter sich her zu den Wartenden. „Seht gut her", sagte er zu den Mädchen, „das passiert mit jemandem, der Otto und damit natürlich auch mir Probleme bereitet." Er hatte mit der verdeckten Hand sein rasiermesserscharfes zweischneidiges Messer aus der Scheide hinter seinem Gürtel gezogen. Die Handbewegung war kaum wahrzunehmen. Aus der Drehung heraus machte er einen Halbkreis mit seiner Hand. Plötzlich klaffte an Svetlana ein Schnitt, der sich quer über ihren vorderen Hals bis zu ihrem Ohr zog. Sie konnte nichts mehr sagen. Blut quoll aus ihrem Mund, als sie vornüber auf den weißen Teppich fiel. Sie zuckte noch ein paar Mal und eine blutrote Lache breitete sich unter ihr aus. Dann rührte sie sich nicht mehr. Entsetzt begannen die anderen Mädchen zu weinen. Regungslos standen sie da, bis Fritz sie in die Realität zurückholte. „Zurück an die Arbeit! Und ihr zwei da – damit meinte er seine Helfer – macht den Saustall sauber und bringt Svetlana dorthin, wo sie niemand findet."

Wahrscheinlich hätte nie jemand das Mädchen gefunden, aber der ältere der beiden Kleingauner hatte es schon lange auf die Position von Fritz abgesehen. Fritz behandelte seine Untergebenen meist wie den letzten Dreck. Schläge und Drohungen mit seinem gefürchteten Messer, wie er sie fast jeden Tag anwandte, waren in diesem Milieu an der Tagesordnung.

Kurz nach dieser Tat im Club gab also dieser Kleingauner einem bekannten Bullen einen Tipp und informierte ihn über die genaue Position der Leiche Svetlanas. Der Rest war schnell erledigt. Haller wurde wegen Verdachts des Mordes an der polnischen Prostituierten Svetlana Gorca vorläufig festgenommen. Natürlich bestritt er vom ersten Moment an eine Beteiligung an der Tat. Bereits Ende August kam es dann zur ersten Verhandlung. Die Familie Svetlanas war extra aus Polen angereist. Ihr Vater Pjotr hatte immer gedacht, dass die großzügige Summe, welche Svetlana jeden Monat an die Familie überwiesen hatte, aus ehrlicher Arbeit in einem Sanatorium stamme, da Svetlana eine gut ausgebildete Krankenschwester gewesen war. Auch von der Drogensucht seiner Tochter hatte er nichts gewusst. Man sah, dass er nunmehr ein gebrochener, enttäuschter Vater war, der eine seiner geliebten Töchter verloren hatte.

Als der Prozess begann, wurde schnell klar, dass keine der geladenen Zeuginnen gegen Haller aussagen würde. Otto hatte dafür gesorgt, dass alle verstanden, was deren Familien passieren würde, wenn irgendein falsches Wort über ihre Lippen käme. Der Verräter, den Otto schnell erhoben hatte, lag bereits in einem Sumpfweiher in einem Vorort von Rosenheim. Und der zweite Kriminelle, der dem Verräter bei der Beseitigung der Leiche geholfen hatte, war nach einem Gespräch mit Otto, bei dem es auch um seine Kinder gegangen war, froh gewesen, überhaupt noch am Leben zu sein. Kein Wort über diese Sache würde je wieder über seine Lippen kommen. Es sah also gut aus für seinen besten Mann.

Otto, der in der letzten Reihe des Gerichtssaales als Zuschauer Platz genommen hatte, lächelte zu den anwesenden Zeugen hinüber. Alle schauten verängstigt zu Boden. Für den Anklä-ger war schon bald klar, dass er nicht genug Indizien für eine Verurteilung Hallers haben würde. Die übel zugerichtete Lei-che einer Drogenabhängigen, die angeblich als Prostituierte in einem von Otto Kleins Clubs gearbeitet hatte, und die Aus-sage eines vermissten Kleingauners – das würde einfach nicht ausreichen.

Und so kam es, wie es kommen musste: Haller Fritz wurde aus Mangel an Beweisen gegen Kaution auf freien Fuß gesetzt. Die Kaution wurde von Otto Klein hinterlegt. Grinsend ver-ließ Haller als freier Mann den Gerichtssaal. Ein weiterer Gast folgte in kurzem Abstand. Ihm jedoch war nicht zum Lachen zumute.

Svetlanas Familie hatte nichts von dem verstanden, was im Gerichtssaal gesprochen worden war. Nur Svetlanas Schwe-ster Mariella schien verstanden zu haben, worum es hier ging. Erst nachdem sich die Familie mit einer Dolmetsche-rin zusammengesetzt hatte, wurde ihnen klar, dass Svetlanas Mörder vermutlich nie bestraft werden würde. Die gesamte Familie verließ gedemütigt und mit hängenden Köpfen den Gerichtssaal. Aus Mangel an Barmitteln begaben sie sich zu einer nahe gelegenen Wiese, wo sie die aus Polen mitge-brachte Jause verzehrten.

Tom hatte von der Tat Hallers über die Medienberichterstat-tung erfahren. Da er einen seiner freien Tage hatte, war er zum Verhandlungstag in den Gerichtssaal gekommen und hatte sich unweit von Otto Klein in die letzte Bankreihe gesetzt. Er hatte vom Ausgang der Verhandlung nichts anderes erwar-tet. Wie so oft bei Rotlichtgrößen würde diese Tat ungesühnt bleiben. Nein, dachte er, diesmal nicht, Haller, diesmal nicht!

Aus diesem Grunde folgte er der Familie. Er setzte sich einige Meter weiter entfernt auf eine Bank und beobachtete den Clan. Er hörte, wie Mariella auf Deutsch mit der Dolmetscherin sprach. Als sie etwas später in seiner Nähe vorbeiging, sprach er sie einfach an. „Entschuldigung, ich war gerade bei der Verhandlung. Können Sie mich verstehen?"

Das Mädchen sah ihn mit großen Augen an. „Wie bitte? Ja, natürlich!", antwortete sie.

„Ich würde gern mit Ihnen und Ihrem Vater sprechen", sagte er leise.

„Was wollen Sie von uns? Mein Vater versteht kein Deutsch."

„Ich kann dafür sorgen, dass der Mörder Ihrer Schwester nicht so leicht davonkommt", gab Tom zurück.

Das verstand sie offensichtlich. Sie rannte zu ihrem Vater, sprach ihn in ihrer Heimatsprache an und gestikulierte wild mit den Händen. Der alte Herr stand auf und kam mit fragendem Gesicht auf Tom zu.

„Bitte übersetzen Sie es ihm", bat Tom Mariella. „Für tausend Euro erledige ich den Mann, der Svetlana getötet hat. Keine Fragen warum oder wann."

Mariella wurde blass, übersetzte jedoch Toms Angebot. Der Vater begann zu weinen und sagte irgendetwas zu seiner Tochter.

„Wir haben nicht so viel Geld", übersetzte sie. „Aber was wollen Sie eigentlich tun? Ist das, was Sie vorhaben, nicht ungesetzlich?"

„Schon", gab Tom zu, „aber das ist nicht Ihre Sache. Sagen Sie Ihrem Vater, die tausend Euro will ich nicht für die Erledigung der Sache haben, ich brauche das zur Deckung meiner Unkosten. Sie brauchen erst zu bezahlen, wenn die Sache erledigt ist. Somit haben Sie kein Risiko, denn das trage ich allein."

Wieder sprach Mariella mit ihrem Vater. Als dieser den Kopf schüttelte, schickte sie ihn zurück zur Familie. Dann nahm sie Toms Arm und zog ihn ein Stück von der Wiese weg in Richtung einer Toilettenanlage. Tom ließ sie gewähren. „Mein Vater ist zu konservativ. Machen Sie den Deal auch mit mir?"

„Kein Problem. Aber hör mir gut zu, ich wiederhole mich nicht!"

„Ich höre!" Sie schaute ihn erwartungsvoll an.

„Ich werde Haller für diesen Mord erledigen. Du hast mich nie gesehen, nie getroffen, und auch dein Vater sollte das so halten. Schau dir in den nächsten zwei Wochen die deutschen Zeitungen an. Wenn es erledigt ist, setzt du dich in einen Zug oder ein Auto und fährst nach München. Hier ist ein Schlüssel von einem Schließfach am Hauptbahnhof. Das Fach liegt genau gegenüber der Subway-Filiale. Leg das Geld einfach hinein und fahr wieder nach Hause. Für mich ist die Sache dann erledigt. Den Schlüssel kannst du wegwerfen. Und vergiss, wie ich ausgesehen habe. Keine Polizei! Und erzähle es niemandem. Es dient nur eurem Seelenfrieden. Kommst du damit klar?"

Mariella nahm den Schlüssel an sich und steckte ihn weg. „Natürlich, aber warum tun Sie so etwas? Sie sehen so nett aus! Ich brauche übrigens nicht aus Polen anzureisen, denn ich arbeite schon seit zwei Monaten in einem kleinen Café in München. Unter anderen Umständen hätte ich Sie gern näher kennengelernt." Die junge Frau sah Tom mit ihren schönen, großen, unschuldigen Augen an. Sie war ein wunderhübsches Mädchen mit langen braunen Haaren und der Figur eines Models.

Ich dich auch, dachte Tom, gab ihr aber keine Antwort, drehte sich um und machte sich auf den Weg. Mental begann er bereits in diesem Augenblick mit den Vorbereitungen zu Hallers Beseitigung.

* * *

Auf der Heimfahrt vom Schießen brach Maik das Schweigen in Beigels Wagen: „Und, Chef, was hältst du von meinem Freund?"

„Ein interessanter Mann, dieser Tom. Ein Profi mit dem Gewehr, ohne Zweifel."

„Nicht nur mit dem Gewehr, Jochen. Er war der Beste in allen Belangen der Ausbildung bei den SEKs und ist ein brillanter Taktiker im Einsatz. Zudem ist er ein sehr belesener Mensch. Abitur mit Auszeichnung und ein abgeschlossenes Studium in Psychologie."

„Wäre doch das ideale Profil für den Täter, den wir suchen", scherzte Beigel noch einmal.

„Nee, vergiss das, Chef. Für den Mann lege ich meine Hand ins Feuer. Tom ist SEK-Mann mit Leib und Seele und hat mit dieser Sache so viel zu tun wie du nach deinem Glücksschuss."

Mit dieser Aussage war alles erledigt und sie unterhielten sich über Allgemeines und darüber, wie gut sich Toni bei Beigel eingelebt hatte. Er hatte in dieser kurzen Zeit wahrscheinlich schon zwei Kilos zugenommen, was Beigels Frau mit Freude wahrnahm.

Beigel war ein wenig enttäuscht. Sie waren heute auf dem Schießplatz nicht weitergekommen. Sie hatten lediglich die Erkenntnis gewonnen, dass ihm, der noch nie mit einem Scharfschützengewehr geschossen hatte, ein ebenso perfekter Schuss gelungen war wie demjenigen, der Mayer erledigt hatte.

* * *

Tom saß auf einer Bank gegenüber dem Club, in den Haller vor einer Stunde gegangen war. Diese Sache würde er gern schnell erledigen, aber Haller hatte offensichtlich mehrere Wohnmöglichkeiten in den verschiedenen Clubs, die alle seinem Mentor Klein gehörten. Tom würde eventuell in einen dieser Clubs einbrechen müssen. Der Gedanke daran erfreute ihn nicht gerade, denn es war viel zu gefährlich. Zu viele Mädchen, Kameras und andere Angestellte. Aber Geduld war eine seiner Stärken. Oft hatten sie im Laufe der Scharfschützenausbildung tagelang in einer Position gelegen, um lediglich zu beobachten. Nur diejenigen, die all das ohne Murren und ohne einzuschlafen durchgehalten hatten, waren nach Abschluss des Trainings in die Riege der Scharfschützen-Elite aufgenommen worden. Und er war der Lehrgangsbeste gewesen. Also hockte er auf der Bank, eine mit Tee gefüllte Bierflasche in seiner Hand und mit einer alten Haube, die er sich über den Kopf gezogen hatte. Er wechselte von der sitzenden in eine liegende Stellung und wieder zurück, jedoch alles ohne Muster. Irgendwann nahm er im ersten Stock hinter einem Vorhang eine Bewegung wahr und sah vermeintlich auch kurz ein Gesicht. Doch die Entfernung war einfach zu groß, als dass er Details wahrgenommen hätte. Seine Kleidung hatte er bewusst aus alten Teilen zusammengestellt, damit er in dieser Gegend als Penner durchging. Wie immer hatte er zwei Messer bei sich – ein zweischneidiges in einer Scheide im Nacken, ein zweites in seiner rechten Hosentasche – und zur Sicherheit eine Glock 26, eine handliche Pistole mit einem Zehn-Schuss-Magazin, in einem Inside Holster seitlich am Gürtel. Auch eine Taschenlampe fehlte nicht in diesem Sortiment.

Plötzlich tat sich etwas beim Eingang. Der groß gewachsene Haller kam aus dem Haus und sprach mit dem Türsteher. Er übergab ihm etwas, winkte ihm kurz zu und verschwand in der Dunkelheit einer Nebenstraße. Tom setzte sich langsam in Bewegung und folgte Haller in die unbeleuchtete Gasse.

Haller Fritz mochte ein einfacher Krimineller sein, aber er war extrem vorsichtig und deshalb beobachtete er auch stets seine nähere Umgebung. An diesem Tag war ihm ein unbekannter Stadtstreicher aufgefallen, der seit Stunden auf einer Bank gegenüber dem Club saß. Er hatte ihn vom Fenster aus beobachtet. Für einen Penner hatte der Fremde eine viel zu gute Figur. Er hatte außerdem nur selten einen Schluck aus der Bierflasche genommen, die er in seiner Hand hielt. Schließlich war ihm aufgefallen, dass der Mann ständig in Richtung des Club-Eingangs geschaut hatte. Wahrscheinlich, so dachte Fritz, war er seit der Sache mit Svetlana, die ja zum Glück noch einmal gut ausgegangen war, viel zu nervös. Dennoch hatte er beschlossen, den Fremden zu testen. Die Gasse, in der er sich gerade befand, bot die perfekte Möglichkeit. Es war eine Sackgasse. Das wusste er, und er würde im Schutz der Dunkelheit warten, ob er recht hatte. Außerdem hatte er seinen Freund, den Türsteher Rudi, gebeten, den Streicher zu beobachten und ihm im Zweifelsfall zu folgen. Er hatte ihm geraten, seinen Totschläger nicht zu vergessen. Man wusste ja nie!

Mit seiner rechten Hand tastete er nun nach seinem Messer. Er fühlte die vertraute scharfe Klinge und fühlte sich sicher. Komm du nur, dachte er sich und drückte sich am Ende der stillen Gasse in der Dunkelheit in eine Mauernische.

Tom spürte, dass hier irgendetwas nicht stimmte. Er hatte am Eingang der Gasse das Verkehrsschild „Sackgasse" gesehen. Und obwohl seine Ohren sehr gut waren, hörte er keine Schritte. Er konnte auch keine Türen in den alten Gemäuern entdecken. So verlangsamte er seine Schritte und hielt sich an der Hausmauer.

In seiner Mauernische begann Haller zu schwitzen. Soeben war ein dunkler Schatten geduckt an seinem Versteck vorbeigehuscht. Er hatte den Verfolger nicht einmal gehört. Verdammt, das war mit Sicherheit kein Penner. Er hatte also recht gehabt! Gewiss würde er in Kürze herausfinden, wer hinter ihm her war. Notfalls würde er die Wahrheit aus seinem Verfolger herausschneiden. Als er mit einem lauten Schritt und seinem gezogenen Messer hinter dem Mann in die Gasse trat und ihm hiermit den Rückzug abschnitt, war er sich seiner Sache sicher.

„He, du Wichser, hier bin ich!"

Tom hatte aus dem Augenwinkel bereits vorher eine Bewegung erkannt und mit seiner linken Hand die kleine

Taschenlampe aus der Tasche gezogen. Er hielt sie nun bereit, den Finger auf dem Einschaltknopf. Im Mondlicht konnte er das Blitzen der Messerklinge in Hallers Hand erkennen.

Ein Messer! Wie oft hatte Walter sie im Training auf die Gefahren dieser heimtückischen, für das Gegenüber schwer erkennbaren Klingen hingewiesen. Hunderte Male hatten sie alle Schnitt- und Abwehrmuster geübt. Und heute konnte Tom sie endlich anwenden. Konzentriert zog er sein zweischneidiges Messer aus der Scheide im Nacken.

Haller kam geduckt auf ihn zu. Als er an ihm vorbei schaute und plötzlich zu grinsen begann, trat Tom mit seinem Fuß hart nach hinten. Er spürte etwas Weiches, wirbelte herum und stach sein Messer instinktiv mitten in den Schatten hinein. Er fühlte das Pfeifen, als der Totschläger neben ihm durch die Luft schnitt. Schnell zog er sein Messer zurück, stach noch einmal zu und riss sein Messer im Körper nach oben. Er hörte ein unterdrücktes Stöhnen, welches gleich darauf abbrach. Im selben Moment wich er zur Seite aus und Haller kam triumphierend auf ihn zu. Tom schaltete die Lampe ein und richtete den Strahl direkt auf Hallers Augen. Der war von dieser Reaktion vollkommen überrascht. Er schaute mitten in das blendende Licht hinein und konnte auf einmal nichts mehr sehen. Panisch versuchte er, irgendetwas zu erkennen, aber seine Vision war für Sekunden ausgeschaltet. Das menschliche Auge war für Situationen wie diese einfach nicht geschaffen. Tom nutzte die Gelegenheit, sprang auf ihn zu und schnitt ihm mit dem Messerrükken bewusst quer über die gesamte Stirn. Haller schrie auf. Blut rann ihm in Strömen aus der Wunde und floss ihm in die Augen. Verzweifelt versuchte er, die klebrige Flüssigkeit wegzuwischen. Als Tom nach einer weiteren Finte tief geduckt unter Hallers Messerhand durchkam und ihm mit zwei schnellen tiefen Schnitten beide Oberschenkelarterien öffnete, war es bereits zu spät. Haller wurde es wegen des großen Blutverlustes langsam schwindlig. Er schaute nach unten und sah ungläubig, wie sein Lebenssaft pulsierend aus ihm herausströmte. Dann sank er bebend auf die Knie. Während er noch einmal aufsah, um seinen unbekannten Gegner zumindest zu erkennen, trat Tom neben ihn, machte einen finalen Schnitt seitlich den Hals entlang und sah, dass sein Werk vollendet war. Haller starb, ohne noch einen Laut von sich zu geben. Tom wischte sein Messer an Hallers Kleidung ab und entfernte sich von diesem Ort. Das war knapp, dachte er sich. Walter, sein Nahkampfausbilder, hatte sich soeben ein Bier verdient, ohne es zu wissen. Tom würde das nicht vergessen. Zwischen ihrem Training und der Realität lag gar kein so großer Unterschied. Man funktionierte automatisch. So einfach war das. Er hatte nicht gedacht, dass diese Sache so schnell erledigt sein würde. Eine gewisse Hochstimmung kam in ihm auf. Beim Verlassen des Tatortes achtete er penibel darauf, niemandem zu begegnen, und bevor er wieder in die beleuchtete Straße trat, vergewisserte er sich, dass niemand in seine Richtung blickte.

Mariella würde überrascht sein, wie schnell der Tod ihrer Schwester gerächt worden war. Es tat ihm leid, dass er Geld von ihr forderte, aber er brauchte diese Summen, um Waffen, im Falle Mayers den Schalldämpfer, bei Becher die Handgranaten und anderes Material, zu besorgen. Gräfin von Trautheim hatte ihm sogar eine generöse Bonuszahlung in die Kerze gesteckt, was ihm in Zukunft weiterhelfen würde.

* * *

In einem anderen Viertel der Stadt genehmigte er sich ein Bier. Dabei bemerkte er, wie sehr er doch die vielen gemeinsamen Abende vermisste, die es früher in der Einheit immer gegeben hatte. Oft waren sie bis in die frühen Morgenstunden herumgezogen. Viele der alten Kollegen hatten zwischenzeitlich

Familie und mit den ganz Jungen konnte er sich noch nicht so richtig anfreunden. Gerade als er die Bar verlassen wollte, kam aus einem anderen Teil des Lokals eine auffallend hübsche Kellnerin auf ihn zu. Er konnte es nicht glauben, als er Mariella erkannte, die Frau, für die er gerade gemordet hatte. Sie war genauso überrascht wie er und fragte: „Na, hast du heute noch etwas Größeres vor, hübscher Mann?"

Für diesen gelungenen Abend wäre sie der perfekte Abschluss, dachte er. Aber darauf war er heute nicht vorbereitet. Er wollte ihr auch noch nichts von seinem Glück erzählen. Er hatte ja immer noch seine Waffen bei sich und in der kleinen Umhängetasche befand sich seine Legendenkleidung. Pech! „Nein, ich muss morgen früh raus, aber es wäre nett, wenn du mir deine Nummer aufschreibst. Ich ruf dich an, wenn ich etwas mehr Zeit habe."

Das Mädchen wirkte enttäuscht, ging dann aber zurück zur Bar und schrieb etwas auf einen kleinen Zettel. Er sah ihr nach und bewunderte ihre wunderschönen Kurven. Ihre Jeans saß perfekt, und obwohl Mariella nur ein unbedrucktes weißes T-Shirt trug, brachte es ihre natürliche Schönheit voll zur Geltung. Beim Kassieren steckte sie ihm den Zettel zu und zog einen Schmollmund. „Schade, ich hätte in einer halben Stunde Feierabend gehabt."

Tom lächelte und trat ein wenig näher an sie heran, sodass sie sein herbes Männerparfüm riechen konnte.

„Mugler", schätzte sie, selten getragen, und wenn, von ungewöhnlichen, selbstsicheren Männern. Und um einen solchen handelte es sich bei dem hier definitiv!

„Wir sehen uns sicher wieder, Mariella, ich melde mich." Er drehte sich um und verließ die Bar.

Wow, dachte sie, was für ein Mann! Den hätte ich heute gern näher kennengelernt.

Im selben Moment faltete Tom vor der Bar den Zettel auseinander und las: „Du wirst etwas versäumen, wenn du mich nicht anrufst. Also beeil dich, auch ich warte nicht ewig. Küsschen, Mariella!" Morgen, dachte er, morgen ist gut.

* * *

Beigel saß mit Toni auf dem Tisch unter der Tafel im Seminarraum und schaute auf seine Truppe. Über die gesamte Breite des Raumes waren die bisherigen Ermittlungsergebnisse der verschiedenen Kollegen auf Pinnwände geheftet worden. Sie hatten alles mit dicken Überschriften markiert, damit sich der jeweilige Ermittler auf die für ihn relevanten Dinge konzentrieren konnte. Die Kollegen standen in kleinen Gruppen mit ihren Frühstückskaffees zusammen und unterhielten sich. Beigel gesellte sich zu der Gruppe vom BKA und erkundigte sich, ob sie sich bereits um die offenen Fälle vor Gericht und frühzeitige Entlassungen von verurteilten Straftätern gekümmert hatten.

„Natürlich. Schau her, Jochen. Allein in München vier Fälle diese Woche. Und den besten haben wir hier: Haller Fritz, ein Zuhälter, Geldeintreiber, alles, was man im Rotlichtmilieu halt so machen kann. Die rechte Hand von Otto Klein, dem König der Münchner Unterwelt, den wir ja alle so schätzen!"

Die Umstehenden, denen Klein ein Begriff war, lachten.

„Er hatte anscheinend Zoff mit einer polnischen Prostituierten, die ihm etwas von seinem Stoff geklaut hat. Hat sie nach Aussage eines Kleinkriminellen vor den Augen der anderen mit einem Messer kaltgemacht. Kaum hatte der Prozess begonnen, war der Anzeigende verschwunden und die Zeugen hatten natürlich nichts gesehen. Haller wurde auf freien Fuß gesetzt. Und ratet mal, wer die Kaution hinterlegt hat?" Beigel warf einen fragenden Blick in die Runde und sprach dann weiter: „Ja genau, der Otto, wer sonst! Der würde perfekt in das Schema unseres Spezialisten passen! Lasst uns noch mal alles durchgehen, damit jeder hier auf dem aktuellsten Stand ist."

So begann kurz darauf die tägliche Morgenbesprechung. Während die Kollegen vom BKA vortrugen, was sie über Haller wussten, läutete Beigels Telefon.

„Beigel!"

„Jochen hast du schon vom heutigen Mord gehört?" Es war Heinz von der Polizeiinspektion München Mitte.

„Nein, was ist denn jetzt schon wieder?"

Jemand hat die rechte Hand von Klein Otto, dem Rotlichtkönig, einen gewissen Haller Fritz, vermutlich gestern im Laufe des Abends in einer Sackgasse neben einem von Ottos Clubs ermordet. Außerdem noch den Türsteher von Kleins Club. Sie wurden vor zwei Stunden von einem Mitarbeiter des Mülldienstes aufgefunden. Wir waren schon vor Ort. Haller ist mit einem Messer regelrecht aufgeschnitten worden und verblutet. Den anderen haben zwei Stiche getötet. So etwas habe ich noch nicht gesehen!

Beigel hatte nach den ersten Worten seines Kollegen sein Handy laut gestellt und mit einer Handbewegung alle Mitarbeiter zum Mithören aufgefordert. Fassungslos hörten die Leute vom BKA, dass ihnen ihr „Spezialist" schon wieder zuvorgekommen war. Das konnte doch nicht sein!

„Danke", war das Einzige, was Beigel am Telefon noch einfiel. „Ich melde mich wieder." Dann legte er auf und sah in seine Gruppe. „Ich kann es nicht glauben. Wenn man vom Teufel spricht ...! Wir sollten uns das anschauen, was meint ihr?"

„Natürlich, Chef, wir sind dabei." Maik, Hans und Willi boten sich spontan an. Fünfzehn Minuten später hielten sie außerhalb der Polizeiabsperrung an.

Nachdem sie ihre Dienstausweise gezeigt hatten, wurden sie an den Tatort vorgelassen. Wie immer war die Spurengruppe bereits vor Ort. „Können wir uns die Toten mal anschauen?", fragte Beigel den Mann im weißen Overall?

„Natürlich Leute, so etwas seht ihr wahrscheinlich auch nicht jeden Tag!"

Die Neugier in Beigel war damit bereits geweckt. Als er sich mit Maik bei der Leiche niederkniete und sie seitlich auf den Rücken drehte, sah er, was der Mann von der Spurensicherung gemeint hatte.

„Was ist denn das?" Beigel sah Maik, seinen „internen Spezialisten auf diesem Gebiet", wie sie den ehemaligen Sondereinheitenmann immer nannten, ein wenig verwundert an.

„So etwas lernt man beim taktischen Umgang mit einem Messer", gab Maik zurück!

„Und was hat das mit Taktik zu tun? Mein Gott, der ist ja fürchterlich zugerichtet!"

„Tja", meint Maik, „dieser Schnitt, den unser Unbekannter Haller über die Stirn gezogen hat, machte ihn mehr oder weniger blind. Es ist gewöhnlich der erste Schnitt, den man ansetzt. Die anderen waren dann so angelegt, dass Haller ziemlich schnell verblutete. Dem hätte nicht mal mehr ein anwesender Arzt helfen können, so schnell wird das gegangen sein!"

„Und der hier?", fragte Beigel. Maik schaut auf den zweiten Toten. „Schaut so aus, als hätte der unserem Mann von hinten mit dem Totschläger dort eines überziehen wollen. Hat aber wohl nicht mit einem Spezialisten gerechnet. Und das war offensichtlich tödlich."

„Also wieder unser Spezialist?", fragte Beigel die Umstehenden.

„Mit Sicherheit", kam es von Hans, Willi und Maik fast gleichzeitig zurück. Beigel ärgert sich. „Wir waren diesmal schon ein Stück näher an ihm dran. Und irgendwann macht auch unser Spezialist einen Fehler. Irgendwann!"

„Männer, zurück zum LKA, wir treffen uns in einer halben Stunde im Seminarraum." Zum Tatortbeamten sagt er noch: „Würden Sie mir bitte die Fotos und die Details zukommen lassen? Und den Bericht des Gerichtsmediziners, bitte. Wir müssen die Tatzeit ungefähr eingrenzen!"

„Der war schon da und hat gesagt, es müsste sich gegen dreiundzwanzig Uhr zugetragen haben, plus/minus eine halbe
Stunde."

„Aha, danke, das wird uns bei den weiteren Untersuchungen helfen." Als Beigel den Tatort verließ, dachte er wieder an
den Scharfschützen. Er wusste nicht warum, aber irgendein
Gefühl sagte ihm, dass mehr dahintersteckte, auch wenn er
sich täuschen konnte.

* * *

Nach seiner morgendlichen Visite auf den Stationen schlen-
derte Dr. Schuhmann in Richtung Intensivstation. Schon von
Weitem sah er den Beamten vor dem Zimmer der jungen
Straftäter sitzen. Er hatte ihn und seinen Kollegen schon fast
ein wenig liebgewonnen. Offensichtlich hatte man zwei ältere
Kollegen ausgesucht, die auf der Straße abkömmlich waren.
Und diese beiden teilten sich nun den Dienst vor dem Kran-
kenzimmer. Schon des Öfteren hatte Dr. Schuhmann sie in
den frühen Morgenstunden laut schnarchend auf ihrem Stuhl
sitzend vorgefunden. Er hatte sich dann immer geräuspert
und herzlich, fast schon schadenfroh, über die Reaktionen der
zu Tode erschreckten Polizisten gelacht.

Heute sollten zum ersten Mal die Gesichtsverbände von
Pascal und David gewechselt werden. Vielleicht war dabei
etwas über die Hintergründe der Tat zu erfahren. Dr. Schuhmann erinnerte sich an den Chef der Ermittlungen, der diesen unsympathischen, arroganten Politiker auf Gang seiner
Klinik so wunderschön in die Falle hatte laufen lassen. Zwischenzeitlich hatten die Nachrichten die Meldung gebracht,
dass dieser Justus Herwig aus seiner Partei geworfen worden
war. Also gab es doch noch so etwas wie Gerechtigkeit! Es
wäre kein Fehler, wenn dieser Beigel beim Wechsel der Verbände dabei sein würde. Vielleicht würden die Burschen ja

irgendwelche Angaben machen, die ihm nützlich wären, überlegte er und wählte auch schon die Nummer, die ihm der Mann mit seiner Karte hinterlassen hatte.

Beigel war einverstanden und kam eine halbe Stunde später mit Willi den Gang entlang. „Schönen Abend Doktor! Danke, dass Sie mich nicht vergessen haben!"

„Ich habe mir gedacht, es könnte Ihnen bei den weiteren Ermittlungen helfen, was ich jetzt vorhabe. Aber versprechen kann ich Ihnen nichts. Kommen Sie mit!"

Als sie das Zimmer mit den beiden Jungen betraten, sah ihnen Pascal entgegen. David schlief offensichtlich. Also begann Dr. Schuhmann mit den Vorbereitungen für Pascal. Eine Schwester hatte bereits einen Wagen mit den notwendigen Verbänden, Skalpellen und Desinfektionslösungen vorbereitet. Während sich Dr. Schuhmann Plastikhandschuhe überstreifte, stellte er Beigel Pascal vor. Der nickte nur und blickte scheu zur Seite. Vorsichtig begann der Arzt, die ersten Lagen Verbandsmull abzuwickeln. Die Schüssel, in die Dr. Schuhmann diese Reste legte, füllte sich langsam. Vorsichtig begann er, die leicht verklebten Stellen an den mit Drahtklammern fixierten Jochbeinen, der Nase und des Kiefers zu lösen. Pascal wand sich mehrmals und gab schmerzerfüllte Laute von sich. Als Dr. Schuhmann sein Werk beendet hatte, lief es Beigel kalt über den Rücken. Pascals Kopf schillerte in allen Farben. Überall klebte verkrustetes Blut und eine leicht gelbliche Flüssigkeit rann aus mehreren kleineren, nunmehr offengelegten Wunden. Im Mund fehlen die meisten Zähne. Die Nase würde sicherlich noch einige Operationen brauchen, bis sie wieder so aussah wie früher.

„Kann ich ihn etwas fragen, Herr Doktor?"

„Nur zu, mit dem Antworten wird er sich, wie Sie ja sehen, etwas schwertun."

„Also gut. Hallo Pascal, ich bin Oberkommissar Jochen Beigel vom LKA München und ermittle in eurem Mordfall an dem alten Mann in der U-Bahn und auch dahingehend, was mit euch beiden nach der Tat passiert ist. Ich werde dir jetzt ein paar Fragen stellen, die du ohne Anwalt nicht beantworten musst, aber solltest. Für ein Ja nickst du, für ein Nein schüttelst du den Kopf. Hast du das verstanden?"

Pascal nickt in seine Richtung. „Gut. Ihr kamt am 25. August gegen zwölf Uhr in die U-Bahn-Station am Marienplatz. Dort habt ihr, wie wir auf den Videos gesehen haben, den alten Mann so lange getreten und geschlagen, bis er tot war. Richtig?"

Ein Blick zur Seite, ein zögerndes Nicken.

„Dann seid ihr mit öffentlichen Verkehrsmitteln bis zum Forstenrieder Park gefahren. Warum, was wolltet ihr dort?"

Pascal sah ihn an, formte mit seinen verbundenen Händen eine Art Trichter und zog daran wie an einer Zigarette.

„Wolltet ihr rauchen?"

Nicken.

„Gras?"

Nicken.

„Habt ihr jemanden gesehen, der euch gefolgt ist?"

Kopfschütteln.

„Irgendeine Ahnung, wie groß derjenige war?"

Kopfschütteln.

„Dialekt von einem Fremden – oder einem Einheimischen?"

Pascal nickt beim Zweiten.

„Hat er gesprochen?"

Heftiges Nicken!

Beigel und auch der Arzt waren von der heftigen Reaktion des Jungen überrascht. „Was hat er gesagt?"

Der Junge verlangte nach einem Stift. Obwohl der Arzt und auch Beigel nicht daran glaubten, dass daraus etwas würde, gaben sie Pascal einen leeren Zettel und einen Stift. Pascal klemmte den Stift vorsichtig zwischen die geschienten und gegipsten Hände und schrieb vier Wörter darauf.

Mit einiger Mühe konnten Beigel und der Doktor das Geschriebene entziffern: „Rache für den Toten!"

„Verstehen Sie das?", fragt der Arzt.

Beigel sah seinen Verdacht bestätigt. Das war definitiv die Handschrift seines Spezialisten, der offensichtlich im richtigen Moment am richtigen Ort gewesen war. „Ja, Herr Doktor, ich denke schon!" Zu Pascal gewandt sprach er weiter. „Ihr habt ihn also nie gesehen, sondern nur gehört. Hat er euch zuerst von hinten niedergeschlagen und gefesselt?"

Pascal nickte und begann zu weinen.

„Und dann hat er euch das angetan, was wir heute hier sehen?"

Wieder wurde Pascal von heftigen Weinkrämpfen geschüttelt.

Dr. Schuhmann sah Beigel an. „Ich glaube, Sie sollten das hier jetzt abbrechen, Pascal braucht ein wenig Ruhe. David ist übrigens noch schlimmer dran. Es hätte also keinen Sinn, auf ihn zu warten. Ich werde, wenn ich mit Pascal fertig bin, auch seine Wunden reinigen und neue Verbände anlegen, aber das wird sicher noch ein oder zwei Stunden dauern."

„Ja, Herr Doktor, Sie haben recht. Vielen Dank, Sie haben mir sehr geholfen. Gute Besserung, Pascal. Wenn es dir besser geht und du mit mir sprechen willst, lass es den Doktor wissen. Er weiß, wie er mich erreichen kann, ja?"

Pascal, der sich zwischenzeitlich schon wieder etwas gefangen hatte, nickte kurz und Beigel entschied sich, zum Präsidium zurückzufahren.

* * *

Nach einem etwas unruhigen Schlaf, in dem er die gestrigen Ereignisse noch einmal abgearbeitet hatte, und dem täglichen Krafttraining in seinem Studio entschied sich Tom, Mariella anzurufen. Abgesehen von ihrem fantastischen Aussehen hatte ihn ihre nette Art überzeugt. Eigentlich hasste er es, so deutlich wie von ihr angemacht zu werden, aber in diesem Falle war es etwas anderes. Schon bei ihrem ersten Lächeln war der Funke übergesprungen. Wie gern hätte er sie bereits gestern zu sich nach Hause gebeten. Aber konnte so etwas nach einer solchen Sache überhaupt gutgehen?

Schon nach dem ersten Läuten hob sie ab. „Ich hoffe doch schwer, dass diese mir unbekannte Nummer dem schönen Mann von gestern Abend gehört!", tönte es aus dem Hörer.

„Hallo Mariella. Was wäre gewesen, wenn dem nicht so wäre?" Tom lachte.

„Kann fast nicht sein. Ich gebe meine Nummer nicht vielen Leuten, und wenn, speichere ich ihre Nummer mit ihrem Namen ab. Und deinen kenne ich ja bisher leider noch nicht ..."

„Oh, entschuldige! Tom."

„Also, Tom, ich bin gerade aufgewacht und habe noch nicht gefrühstückt. Wenn du Lust hast, kannst du uns ein paar frische Brötchen besorgen und ich bereite den Rest zu. Glaube mir, ein besseres Frühstück hast du noch nie bekommen. Wie klingt das?"

Tom lief schon bei dem Gedanken an ein tolles Frühstück das Wasser im Mund zusammen. Und außerdem konnte er es nicht erwarten, diese süße Maus wiederzusehen. „Hey, Mariella, bin schon unterwegs zum Bäcker! Nur noch die letzte Frage, wohin soll ich kommen?"

„Marienburger Straße 13b, erster Stock, bei Gorca läuten. Wie lange wirst du brauchen?"

Tom gab die Daten in sein Handy-GPS ein und schaute auf sein Display. „Etwa vierzig Minuten. Schaffst du das bis dahin?"

„Ha, willst du mich verarschen? Beeil dich, ich bin schon fast fertig!"

Das ließ sich Tom nicht zweimal sagen. Er schnappte sich seinen kleinen Rucksack und schwang sich auf sein Mountainbike. Auf dem Weg zur Marienburger Straße lag diese kleine urige Bäckerei, bei der er sich manchmal sein Frühstück holte. Als er den Laden betrat, schlug ihm bereits der herrliche Duft von frisch gebackenem Brot entgegen. Neben zwei Handsemmeln, zwei Kornspitz und einer Nussstange nahm er auch noch vier kleine Schokoladencroissants mit. Das müsste reichen, überlegte er und steckte die Brötchentüte in seinen Rucksack. Pfeifend radelt er durch den immer dichter werdenden Verkehr. Kurz bevor er sein Ziel erreicht hatte, nahm er eine Abkürzung durch einen kleinen Park. Was für eine schöne Wohngegend!

Als er vor der angegebenen Adresse vom Rad stieg und es absperrte, pfiff jemand in seiner Nähe. Suchend blickte er um sich.

„Hier oben, Tom!"

Als er aufsah, stand Mariella in einem hellblauen, halblangen Nachthemd, das ihre schönen langen Beine freiließ, auf einer kleinen, dem Park zugewandten Terrasse und winkte ihm zu. „Dort, nimm die Außentreppe und beeil dich, ich verhungere schon!"

Lachend sprang Tom in langen Schritten die Treppe hinauf. Mariella öffnete die Tür und fiel ihm unvermittelt um den Hals, so als ob sie sich schon ewig kennen würden. Sie küsste ihn mitten auf den Mund und hörte nicht auf, bis er sie völlig überrascht zurückküsste.

Als sie ihn freigab, sah er, was sie für ihn vorbereitet hatte, und war komplett verdattert. Auf einer urig bequemen, toll bepflanzten Terrasse mit einem Tisch und zwei Stühlen hatte sie in dieser kurzen Zeit ein Fünf-Sterne-Frühstück hingestellt. Da die Terrasse in Richtung Park ausgerichtet war, konnte man sie nicht einsehen. Mariella hatte sich hier oben eine Oase der Abgeschiedenheit mit einzigartigem Ausblick auf den Park geschaffen. Von Ham and Eggs bis hin zu frischem Orangensaft, Wurst und Käse, verschiedenen Marmeladen, Müsli und frischen Früchten und schließlich einer riesigen Kanne mit frischem Kaffee war alles vorhanden, was

Sportler wie ihn glücklich machte. Tom öffnet seinen Rucksack und legte seine Brotauswahl in das bereits liebevoll vorbereitete Brotkörbchen.

„Ah, eine gute Auswahl!", freute sich Mariella. „Ich wusste doch, dass ich mich auf dich verlassen kann."

„Aber deine Auswahl schlägt meine um Längen!" Tom konnte immer noch nicht glauben, was er da sah.

„Nun komm schon, sonst wird alles noch kalt." Mariella lächelte unwiderstehlich und setzte sich einfach hin.

Das ließ sich Tom nicht zweimal sagen und er begann mit Heißhunger zu essen, während Mariella sich ein Croissant schnappte, es in der Mitte durchbrach und herzhaft hineinbiss. Tom betrachtet sie. Sie hatte sich noch nicht einmal zurechtgemacht. Ihre Haare waren vom Polster zerknittert und sie trug kein Make-up. Dennoch strahlte sie eine Schönheit und Perfektion aus, wie sie Tom noch nie untergekommen war.

Sie plauderten unbekümmert, und als beide gleichzeitig in Richtung der Marmelade griffen, berührten sich ihre Hände für einen Moment. Da ergriff Mariella Toms Hand, stand auf und ging um den Tisch herum. Ohne etwas zu sagen, rückte er seinen Stuhl zurück und ließ sie auf seinem Schoss sitzen. Mariella hielt sein Gesicht mit beiden Händen, sah ihn an und begann ihn sanft zu küssen. Noch ehe er etwas sagen konnte, zog sie ihn auf den Boden, drückte ihn auf den Rücken und zog sich das Nachthemd aus. Ihre herrlich festen Brüste fielen Tom fast direkt in die Hände. Er stammelte noch ein „Hier?", als sie auch schon damit begann, ihn auszuziehen. Dann fiel sie richtiggehend über ihn her. Die Intensität, mit der sie sich liebten, war neu für Tom. Mariella ließ sich völlig und ohne jegliche Hemmungen fallen. Sie gab sich ihm hin, erforschte seinen durchtrainierten Körper mit ihrer Zunge und schrie, nachdem er dasselbe mit ihrem Körper getan hatte, während ihres Orgasmus so laut, dass er sich Sorgen um die Nachbarn machte.

Als er völlig erschöpft auf den Holzplanken lag, streichelte sie ihn, noch immer auf seinem erschlafften Glied sitzend, mit ihren langen Haaren. Schweiß glänzte auf ihrem makellosen Körper.

„Das hättest du schon gestern haben können", entfuhr es ihr, „mein schöner, großer Mann!"

„Aber dann wäre das Frühstück vielleicht nicht so toll verlaufen", konterte er.

„Wahrscheinlich, ja, das Brot hätte gefehlt!"

Beide lachten und drückten sich aneinander. Selten hatte sich Tom so glücklich gefühlt wie in diesem Moment.

* * *

Nach seinem Eintreffen im Präsidium hatte Beigel alle Anwesenden über Pascals Angaben informiert. Dann hatte er jedes Team gebeten, sämtliche Ergebnisse der laufenden Erhebungen vorzutragen.

Die Erhebungen beim Bund hatten nach Durchsicht und Vergleich der Dienstpläne nur mehr sieben Verdächtige ergeben, welche von Willi persönlich überprüft worden waren. Alle konnten ein einwandfreies Alibi für die Tatzeiten liefern.

Die digitale Nachbearbeitung der Aufzeichnung des Mannes bei der Leiche in der U-Bahn war fertiggestellt. Man konnte jedoch kein Gesicht erkennen. Dafür waren die dunkle Haarfarbe und eine kräftige Statur zu sehen. Der Mann war definitiv keine vierzig Jahre alt. Diese Erkenntnis brachte sie jedoch nicht weiter.

Die Befragungen der Angehörigen aller Opfer waren abgeschlossen.

Toni hatte sich noch einmal mit der kleinen Sophie Levebre und dem Chauffeur der Escort-Chefin unterhalten. Sie blieben jedoch bei ihrer Erstversion. Sophie hatte Becher nur ganz kurz bei ihrer Ankunft und dann noch einmal einige

Sekunden vor der Explosion gesehen, als er ihr hart auf den Hintern geschlagen und sie zur Eile aufgerufen hatte.

Die Befragungen in Richtung des Anwaltes hatten ergeben, dass er überall Schulden und mit Sicherheit keine Freunde hinterlassen hatte. Eines hatten alle Erhebungen gemeinsam: Niemand hatte irgendjemanden in der Nähe der Tatorte gesehen.

Nach einer kurzen Pause rief Beigel Maik zu sich ins Büro.

„Kannst du bitte die Tür zumachen?"

Maik wunderte sich darüber, da sein Chef normalerweise nie die Tür schloss.

„Maik, ich weiß, dass du die Jungs vom SEK magst und viele davon kennst, aber ich werde das Gefühl nicht los, dass wir mehr in diese Richtung erheben sollten. Die Art und Weise, wie diese Sache bisher läuft, passt mir nicht. Es ist alles zu perfekt: keinerlei Spuren, kein Täter auf den Videos, zwei Überlebende ohne irgendeine Angabe zum Täter. So etwas bringt nur ein wirklicher Profi. Und das sind sie nun mal, deine Freunde – Profis!"

„He, Jochen, komm mal runter! Es ist schon öfter vorgekommen, dass Erhebungen zu einem Serientäter etwas länger gedauert haben, aber wenn es dir hilft, werde ich morgen zum Chef des SEK Südbayern gehen und ihn um Unterstützung bitten. Ich rufe ihn gleich an und bitte ihn um einen Termin. Natürlich nur, wenn dir das recht ist."

„Bitte, Maik, mach das. Und ich würde gern mitkommen!"

„Gebongt, Chef!"

„Lass mal den ‚Chef', du weißt, wie ich das hasse!"

„Passt, Chef. Und tschüss!"

* * *

Als Tom am nächsten Tag mit seiner Gruppe gerade eine taktische Einheit mit Eindringen über Balkone übte, sah er, wie sein Freund Maik und dieser Beigel in einem Auto vorfuhren und vor dem Büro des Chefs parkten. Was wollen die schon wieder? Er versuchte, sich auf seine Aufgabe zu konzentrieren und hoffte, dass er keinen Fehler gemacht hatte.

Beigel und Maik wurden von Hessmann persönlich empfangen. Als sie dessen Büro betraten, staunte Beigel nicht schlecht. Überall hingen Plaketten von gewonnenen Wettbewerben und Dankschreiben von den diversen Sondereinheiten aus aller Welt. In Glasvitrinen waren Waffen aller Art ausgestellt. Es wirkte mehr wie ein privates Museum als ein Büro. Neben einer der Vitrinen stand ein extrem muskulöser Mann. Jupp stellte ihn als Walter vor. Er hatte ihn zu dieser Besprechung gerufen, als er von Maik erfahren hatte, worum es ging. Walter hatte als jahrelanger Ausbilder persönlichen Kontakt zu jedem seiner alten und jungen Kollegen und würde seinen Besuchern in jeder Hinsicht weiterhelfen können.

„Bitte, nehmt Platz, dann können wir in aller Ruhe über eure Erhebungen sprechen."

Nachdem sie von Jupps Sekretärin mit frischem Kaffee versorgt worden waren, kam Beigel gleich zur Sache. „Jupp, wir treten bei unserem Serientäter momentan auf der Stelle. Ich habe alle Fakten studiert und auch mit einem der gefolterten Jungen gesprochen. Wir haben viele Spezialisten aus diversen Sondereinheiten und dem Bund einvernommen und sind keinen Schritt weitergekommen. Ich bin nach wie vor der Ansicht, dass die Möglichkeit besteht, dass einer deiner Jungs etwas mit dieser Sache zu tun haben könnte."

„Bei allem Respekt, Jochen", fiel ihm Jupp ins Wort, „das sind harte Anschuldigungen, und du solltest diese vielleicht etwas näher begründen, bevor wir weiterreden." Auf seiner Stirn hatten sich steile Falten gebildet und Walter hatte mit einem strengen Blick in seine Richtung sein Missfallen an diesen Anschuldigungen angedeutet.

„Nun ja", begann Beigel, „gehen wir einmal davon aus, dass Mayer der erste Fall dieses Täters war. Ein Schuss, perfekter Treffer, keinerlei Spuren, keinerlei Zeugen. Bei Becher, dem vorzeitig entlassenen Mörder, eine komplizierte Sprengfalle, die einiges an Wissen und Erfahrung benötigt, wieder keinerlei Spuren, obwohl große Teile der Matratze fehlten. Perfektes Timing, gut vorbereitet und auch noch das Insiderwissen über die vorzeitige Entlassung. Er muss vor der Entlassung Bechers bei seinem Anwesen gewesen sein, um alles entsprechend zu organisieren. Wieder keine Spuren. Dann Müssing, Bechers Anwalt, die Öffnung seines Appartements mit einer Fensterfalle, keine Spuren, perfekter Würgegriff, bis zum Tod Müssings ohne Gegenwehr. Der Täter verließ die Wohnung auf dem gleichen Weg, auf dem er gekommen war. Dann Haller, der Zuhälter, und sein Türsteher. Zwei trainierte Gauner, laut Spurensicherung einer mit einem Totschläger von hinten, der andere mit einem Messer von vorn getötet. Beide mit einem Messer erledigt, Haller bei einem Messerkampf regelrecht zerschnitten! Genau nach dem Muster, das unter anderem auch bei euch geschult wird. Und keine fremden Blutspuren, dem Täter ist also wieder kein Fehler unterlaufen. Und das, obwohl Haller in einschlägigen Kreisen als ein Spezialist mit dem Messer galt. Wieder keine Spuren, keine Zeugen. Und dann die zwei jungen Mörder. Die werden durch die ganze Stadt verfolgt, bekommen selbst im einsamen Wald nichts davon mit, bis beide gleichzeitig von hinten von einer Person überwältigt werden. Und dann diese systematische Folterung. Wieder alles perfekt und ohne Spuren. Glaubt ihr wirklich, das könnte ein ‚normaler Irrer' vollbringen?"

„Das sind zweifelhafte Lorbeeren, die ihr da auf meine Leute legt. Ich habe achtzig Kollegen, die mir unterstehen, alle top ausgebildet, aber ich könnte mir keinen vorstellen, der so etwas tun würde. Wie stellt ihr euch vor, diesen Unbekannten aus meinen Jungs herauszufiltern, wenn es denn so wäre!"

„Wir könnten zuerst alle Dienstpläne mit den Tatzeiten vergleichen und den Kreis einengen, wobei wir bei Becher und Müssing nicht genau sagen können, wann die Taten begangen bzw. vorbereitet wurden. Nachdem all diese Fälle in den letzten beiden Monaten geschehen sind, würde das keine große Mühe bereiten."

„Habt ihr Tatortfotos von diesem Zuhälter?", wollte Walter wissen.

„Ja, natürlich!", gab Maik zurück. „Ich hole meinen Laptop aus dem Fahrzeug."

Kurz darauf schaute Walter auf den Bildschirm und scrollte sich durch die Bilder. „Ein Klassiker – genau wie ich es unterrichte, Jupp! Wenn das einer meiner Jungs gemacht hat, hat er das Training perfekt umgesetzt. Ich hoffe natürlich nicht, dass es so war."

Maik war sich nicht sicher, aber er glaubte, ein zufriedenes Grinsen auf dem Gesicht des Ungetüms gesehen zu haben.

Jupp hatte sich bereits an seinen Computer gesetzt und damit begonnen, die Dienstpläne aufzurufen. Er schickte sie an den Drucker und schon kurz darauf machten sie sich in Zweierteams mit einem Rotstift an eine Erstauswertung. Bei achtzig Kollegen nahm dies doch einige Zeit in Anspruch. Nach ungefähr einer Stunde hatten sie ein Ergebnis.

„Wie viele habt ihr?", fragte Jupp in Richtung Maik, der sich mit Walter über die eine Hälfte der Pläne gebeugt hatte.

„Vier, und ihr?"

„Sechs. Schreibt uns eure Namen auf diese Liste, bitte!"

Beigel sah sich die Namen kurz an und schluckte. Toms Name war der dritte auf der handgeschriebenen Liste.

Jupp gab sie gleich an Walter weiter und fragte in einem, wie Beigel vorkam, leicht höhnischem Ton: „Was meinst du, Walter, welcher von unseren Jungs hier am besten für so einen Scheiß geeignet ist?"

Walter nahm sich Zeit und kratzte sich mehrmals am Hinterkopf. „Zogi und Hubsi kannst du ausschließen, die sind kampftechnisch nicht so gut drauf. Erwin trifft mit seiner Langwaffe auf größere Entfernung nicht so genau wie unser Schütze. Die anderen sieben wären theoretisch alle geeignet, ich kann mir aber nicht vorstellen, dass auch nur einer von denen etwas mit dieser Sache zu tun hat. Ich arbeite schon so lange mit ihnen zusammen und bin sicher, dass mir an seinem Verhalten etwas aufgefallen wäre, wenn einer meiner Männer mit dem Fall zu tun hätte."

Beigel und auch Maik fühlten sich zunehmend unwohl in diesem Büro. Vielleicht war es doch keine so gute Idee gewesen, hierher zu kommen.

„Und? Was habt ihr jetzt vor? Wollt ihr mit den zehn Burschen über die Sache reden? Einzeln oder gleich in einer Gruppe? Glaubt ihr ernsthaft, der Täter würde irgendetwas zugeben, wenn ihr keinerlei Anhaltspunkte habt? Die Zusammenarbeit unserer Einheiten bei künftigen Einsätzen wäre ernsthaft gefährdet, und auch mir stößt diese Angelegenheit bereits sauer auf."

Die Spannung, die den Raum beherrschte, war nahezu greifbar. Jupp stand fast immer auf der Seite seiner Männer. Alle diese Kollegen hatten viel auf sich genommen, um dieser Einheit anzugehören. Sie hatten ihren Wohnsitz in die Nähe der Einheit verlegen müssen, waren jederzeit, Tag und Nacht, einsatzbereit und bei jedem Einsatz einem erhöhten Risiko ausgesetzt. Und dann kam dieser Beigel vom LKA und verdächtigte eben diese Kollegen! Es tat Jupp bereits leid, dass er ihm den Schießtag mit Tom ermöglicht hatte. Er hatte gesehen, dass auch Tom auf dieser Liste stand. Ausgerechnet Tom, einer seiner fähigsten und besten Kollegen! Er war eine der Säulen dieser Einheit. Er beschloss, dieser Sache vorläufig ein Ende zu setzen. „Maik, ich glaube, es wäre besser, wenn ihr jetzt geht!"

Maik, der Walter und Jupp beobachtet hatte, nickte in Richtung Beigel und stand auf. „Das glaube ich auch. Entschuldige,

Jupp, aber du weißt ja, dass wir in diesem Geschäft nichts ausschließen dürfen."

Jupp nickte. Maik war einer der ihren gewesen, wenn auch in einer anderen Einheit. Ihm gegenüber verspürte er Respekt, aber dieser Beigel, ein typischer Softie, den hatte er satt.

Beigel stand auf, entschuldigte sich und folgte Maik zu ihrem Fahrzeug.

„Was meinst du, Walter? Könnte da etwas dran sein?"

Hessmann hatte die Liste mehrmals kontrolliert. Bei bestem Willen traute er diese unglaublichen Taten keinem der markierten Kollegen zu. „Schwer zu sagen. Einen gewissen Sinn für Gerechtigkeit haben wir ja alle. Wenn man sich die Taten einzeln anschaut, muss ich zugeben, dass es die Richtigen getroffen hat. Was mir jedoch zu denken gibt, ist die Tatsache, dass wir den Messerkampf gerade erst letzte Woche genau in dieser Art trainiert haben. Was wäre das für ein Zufall!"

„Das wäre es! Lassen wir dieses Meeting aber in diesem Raum, Walter, ja? Ich möchte zu diesem Zeitpunkt kein böses Blut schüren. Vielleicht klärt sich bald alles auf."

„Passt, Jupp. Brauchst du mich noch?"

„Nein, danke, das war's."

* * *

Die Stimmung in Beigels Wagen war auf einem Tiefpunkt.

„Das war ein Super-GAU, Chef!", fing Maik an.

„Ich weiß. Aber hast du es gesehen? Dein Tom war auf der Liste!"

„Ja, hab ich gesehen. Was willst du tun? Ihn beschatten?"

„Wäre keine schlechte Idee!", kam es sofort zurück.

„Das wird dir aber niemand genehmigen, nicht bei dieser Beweislage."

„Vermutlich wird es so sein. Aber wer spricht denn von einer Genehmigung? Wir sollten in nächster Zeit alle fragwürdigen Fälle genauestens beobachten und im Zweifelsfall schnell reagieren. Vielleicht macht der Täter irgendeinen Fehler."

„Mensch, Chef, ich hoffe nur, dass du dich nicht irrst."

Das hoffte Beigel auch, aber irgendetwas in ihm war vollkommen auf diesen Tom fixiert, und so sehr er es auch versuchte, es ließ ihn nicht los.

„Maik, versuche bitte die nächsten Tage alles über deinen Freund herauszufinden. Wo er wohnt, ob er eine Freundin hat, mit wem er verkehrt, seine Telefonnummer und seinen aktuellen Dienstplan. Ich stelle dich dafür von allen momentanen Untersuchungen frei. Schaffst du das?"

Maik war nicht wohl bei der Sache, aber er mochte seinen Chef und wusste, dass er schon oft recht behalten hatte. Nach einem kurzen Moment des Überlegens nickte er.

* * *

Tom hatte den Abgang der beiden von einem Balkon aus beobachtet. Wenn er sich nicht getäuscht hatte, war es ein überstürzter Abgang ohne Freundlichkeit gewesen. Da er ein genialer Taktiker war, konnte er sich denken, was besprochen worden war. Dass die Ermittlungen früher oder später auch in Richtung der Spezialisten des SEKs gehen würden, war ihm klar gewesen, und er würde in Zukunft noch vorsichtiger sein. Vielleicht würde er sogar auf sein „Ehrenhonorar" verzichten müssen. Jeder Sichtkontakt mit den Angehörigen der Opfer barg immerhin ein nicht geringes Risiko. Ja, das war der Punkt. Hüttner, die Gräfin und auch Mariella würden nie in die Versuchung kommen, etwas auszuplaudern. Es ging ihm ja hauptsächlich um Gerechtigkeit und nicht um das Finanzielle. Aber er würde in Zukunft sehr, sehr gut aufpassen.

Das heutige Training ging dem Ende zu. Plötzlich ertönte die Sirene, die sie alle so liebten. Das hieß im Normalfall, dass ein akuter Einsatz mit Anforderung des SEKs anstand. Die Trainingstruppe schnappte sich das Equipment und lief zum Sammelraum.

Hessmann trug bereits seine Uniform und rief zur Ruhe. „Wir haben einen Überfall auf eine Filiale der Deutschen Bank in Grünwald, Heestersweg 5. Der Täter hat eine Angestellte als Geisel genommen und sich im Inneren der Bank verschanzt, als ihn ein zufällig vorbeikommender Polizist am Entkommen hinderte. Der Polizist wurde angeschossen und liegt immer noch vor der Bank. Der Täter schießt derzeit auf alles, was in die Nähe des Eingangs kommt. Tom, du übernimmst sofort deine Gruppe und fährst zu der Bank. Erstellt ein Notzugriffsteam und schaut, dass wir bis zu unserem Eintreffen einen Einsatzraum in der Nähe der Bank bekommen. Ich brauche Pläne von der Bank, außerdem muss die Umgebung großflächig abgesperrt werden. Geht das klar, Tom?"

„Natürlich!" Tom gab seinen Leuten einen Wink und schon zwei Minuten später fuhren vier BMW Limousinen mit Blaulicht aus dem Areal. Nach einer risikoreichen Anfahrt bremste sein Fahrer das Fahrzeug im Nahebereich der Bank ab. Schon aus dieser Entfernung konnte Tom den Körper des angeschossenen Polizisten sehen, der auf dem Gehsteig vor der Bank lag. Dieser versuchte mehrmals, den Kopf zu heben, sank jedoch immer wieder kraftlos zu Boden. Die zwischenzeitlich eingetroffenen Polizisten hatten alle Hände voll zu tun, die Schaulustigen vom Gefahrenbereich wegzubekommen.

Tom teilte seine Teams ein und gab mehreren anwesenden Polizisten den Auftrag, sich über die Deutsche Bank die Baupläne der Filiale zu beschaffen sowie eine großräumige Absicherung zu organisieren. Er holte sich ein ballistisches

Schild aus dem nachgekommenen Technikbus, der von Erwin gelenkt worden war.

„Erwin, schnell! Schnapp dir eine MP5 und gib mir Deckung!"

Tom hob das schwere Schild an und im Zweierteam näherten sie sich zügig dem verletzten Polizisten. Mit ihren persönlichen Schutzwesten und dem Schild waren sie gegen direkten Beschuss aus Kurzwaffen sehr gut gesichert. Auch ihre Helme mit dem Glasvisier waren ballistisch. Tom spürte Erwin dicht an seiner Seite. Als sie sich dem liegenden Polizisten bis auf wenige Meter genähert hatten, erschien plötzlich ein Maskierter im Bereich des Eingangs. Er schob eine schreiende Geisel, offensichtlich eine jüngere Frau, direkt vor sich her. In der rechten Hand des Mannes konnte Tom einen großen Revolver ausmachen. Bevor sich ein Schuss lösen konnte, hatten sie bereits den Verletzten am Boden erreicht. Erwin übernahm mit der freien Hand das Schild und deckte Tom und den Mann so gut wie möglich ab. Ein Schuss brach und Erwin konnte einen leichten Aufprall am Schild spüren. Tom zog sich den Polizisten rasch und mühelos auf seine Schulter und sofort begannen sie, sich im Schutz des Schildes rückwärts von der Bank wegzubewegen. Der Mann mit der Geisel schoss noch einmal in ihre Richtung, verfehlte sie jedoch dieses Mal. Ein gezielter Schuss auf den Geiselnehmer zu diesem Zeitpunkt und aus dieser Position erschien Tom zu riskant. Tom und Erwin schafften es, hinter einer Hausmauer in Deckung zu gehen. Den Verletzten übergaben sie den Rettungsleuten, die sich im Schutze des Gebäudes bis in ihre Nähe vorgearbeitet hatten. Der Mann war auf jeden Fall noch am Leben.

Als Hessmann eintraf und die Einsatzleitung vor Ort übernahm, konnte ihm Tom bereits einen guten Überblick über die Lage geben. Inzwischen waren die Baupläne eingetroffen. Das Verhandlungsteam war informiert und die Polizisten hatten die großräumige Absperrung vor Ort perfekt organisiert. Die eintreffende Presse wurde von polizeilichen Pressesprechern gebeten, sich im Hintergrund zu halten. Zwei Scharfschützen hatten Stellung bezogen. Tom würde in Kürze einen der beiden Kollegen ablösen und dessen Position übernehmen. Diese Entscheidung gab er Hessmann noch bekannt und lief zu seinem Fahrzeug, wo er den Koffer mit seiner Präzisionswaffe entnahm. Rasch begab er sich zu dem Haus gegenüber der Bank, wo er die Stellung seiner Leute vermutete. Schon im Treppenhaus wurde er vom Hausbesitzer empfangen und über eine kleine Wendeltreppe zu seinen Kollegen begleitet.

Andy gab ihm die gemessenen Daten bekannt und teilte ihm mit, dass er bereits einmal eine gute Schussmöglichkeit gehabt habe. Hessmann und die Vertreter der Behörde hatten aber bisher den finalen Rettungsschuss noch nicht freigegeben. Zuerst würde das Verhandlungsteam versuchen, den Geiselnehmer zur Aufgabe oder zur Freilassung der Geisel zu überreden. Also würden sie erst schießen, wenn es sich um einen Fall äußerster Notwehr handelte, bei dem das Leben der Geisel akut gefährdet wäre.

Tom baute sein Gewehr zusammen und setzte seine Mildot-Optik auf. Die Straße war in diesem Bereich so gut ausgeleuchtet, dass das Nachtobjektiv getrost im Koffer bleiben konnte. Schon in wenigen Minuten war Tom einsatzbereit und gab dies per Funk der Einsatzleitung bekannt. Markus, ein ausgebildeter Beobachter für Scharfschützen, ließ sich leise neben ihm nieder.

Das Verhandlungsteam war zwischenzeitlich eingetroffen und versuchte telefonisch mit dem Geiselnehmer in der Bank in Verbindung zu treten.

* * *

Der Mann mit der Maske war am ganzen Körper durchgeschwitzt. Seine Hand, in der er den Revolver hielt, zitterte. Er hatte die Frau angewiesen, sich in einer Ecke des Büros auf den Boden zu setzen. Das Läuten des Telefons machte ihn fast verrückt. „Was wollen die von mir?", schrie er die Frau an.

„Ich weiß es nicht. Vielleicht sollten Sie rangehen." Sie versuchte so ruhig wie möglich zu sprechen. Dabei hatte sie eine Höllenangst. Der Mann mit der Maske war kurz vor Dienstschluss in ihre Bank gekommen, hatte ihr den Revolver vor das Gesicht gehalten und geschrien: „Alles Geld da hinein, sofort, sonst blase ich dir das Licht aus, verstanden?" Da ihr Chef vorzeitig Feierabend gemacht hatte, war sie zu diesem Zeitpunkt die einzig Anwesende gewesen. Sie hatte dem Mann sofort alles Geld gegeben, das ihr am Schalter zur Verfügung stand. Mit dem Geld hatte er die Bank verlassen wollen, aber der zufällig vorbeikommende Polizist hatte ihn im Ausgangsbereich angeschrien. Ohne zu zögern hatte der Maskenmann geschossen. Ein oder zwei Mal, so genau konnte sie sich nicht erinnern. Schon aber, dass der Polizist sofort zusammengebrochen war. Und dann war er zu ihrem Entsetzen gleich wieder in die Bank gekommen und hatte sie als Geisel genommen.

„Bitte nehmen Sie doch den Hörer ab!", bettelte sie.

Der Mann riss den Hörer vom Gerät. „Ja, was wollt ihr?"

Der Mann vom Verhandlungsteam sprach in ruhigem Ton. „Wer sind Sie und was wollen Sie? Mein Name ist Thomas und ich bin ab jetzt dazu da, Ihre Wünsche und Forderungen weiterzuleiten und zu behandeln. Aber ich bitte Sie, Ihrer Geisel keinen Schaden zuzufügen."

„Ich wollte das nicht", sagte der Bankräuber. „Wenn der blöde Bulle nicht aufgekreuzt wäre, wäre ich längst weg. Und der Bank hätte das bisschen Geld nicht gefehlt. Ihr habt ja keine Ahnung, wie das ist, wenn einem die Bank das Haus wegnehmen will. Wohin soll ich denn mit meiner Familie gehen?"

„Jetzt beruhigen Sie sich doch, Herr ..."

„Bogner, Ulli. Ich kann jetzt sicher nicht mehr nach Hause. Wenn meine Frau das hier hört, ist sowieso alles aus. Und die Kinder, die können nicht mehr in die Schule. Was glauben Sie, wie die sich schämen! Einen Bankräuber als Vater. Nein, nein, das beenden wir hier und heute, aber allein gehe ich nicht!"

Dann legte er auf.

In der Einsatzzentrale hatten alle über ein Mikrofon im Nebenraum mitgehört. „Scheiße!", entfuhr es Hessmann, „das klingt gar nicht gut. Versucht es weiter!"

Aber alle weiteren Versuche blieben ergebnislos.

Hessmann hatte sich bereits mit dem Behördenvertreter abgesprochen. Der sogenannte finale Rettungsschuss war freigegeben. Alle beteiligten SEK-Teams wurden über diese Tatsache in Kenntnis gesetzt.

Tom sah Bogner als Erster. „Achtung, er kommt in den Eingangsbereich!"

Toms Beobachter lag seitlich neben ihm und schaute mit einem starken Spektiv hinunter. „Er hält ihr den Revolver direkt an die Schläfe, der Finger liegt am Abzug!"

Tom hatte Bogners Kopf bereits im Visier. Er konnte Details wahrnehmen. Obwohl der Täter offensichtlich einen Damenstrumpf über den Kopf gezogen hatte, der seine Gesichtszüge unkenntlich machte, konnte Tom seine Augen, die Nase sowie den Mund deutlich erkennen. „Ziel erfasst!", sagte er.

Sein Beobachter gab alles der Einsatzzentrale weiter.

„Zuwarten!", kam es zurück.

„Verstanden!"

Bogner stand nun mit seiner Geisel in der Tür. Da der gesamte Eingangsbereich der Filiale aus Glas bestand, konnte Tom jede Bewegung erkennen. Aufgrund der geringen Entfernung und der fehlenden Außengeräusche konnte er fast jedes Wort hören. Aus dem Augenwinkel sah Tom das Notzugriffsteam. Es hatte, für den Geiselnehmer unsichtbar, hinter einem großen Busch unmittelbar neben dem Eingang

Aufstellung genommen. Die Entfernung zu Bogner betrug maximal vier Meter. Tom konnte im Team die große Gestalt Walters erkennen.

Momentan sah alles danach aus, dass Bogner auf einen „Suicide by cop", also einen Selbstmord durch einen Polizisten, aus war.

Tom hoffte, dies verhindern zu können. „Markus, gib mir bekannt, wenn er seine Waffe von der Geisel wegbewegt, okay? Ich brauche seinen Finger weg vom Abzug!"

„Klar, Tom, mache ich!"

Bogner begann nun, wild mit seiner Waffe zu fuchteln und zu schreien.

„Walter von Tom!"

Walter hörte, dass er von Tom auf dem Dach über Funk gerufen wurde. „Ja, ich höre!"

„Walter, macht euch bereit. Ich kann ihm die Waffe aus der Hand schießen, wenn er sie kurz vom Opfer wegdreht. Ihr müsst dann aber sehr schnell bei ihm sein, verstanden?"

„Passt, Tom. Siehst du uns?", fragte Walter.

„Ja, passt perfekt! Bitte ab jetzt über Funk nur das Notwendigste!", kam es von Tom zurück. Er konzentrierte sich ab diesem Moment nur mehr auf Bogners Waffe.

Bogner schrie schon wieder in Richtung der Geisel. „Ich bring dich um!" Dann schoss er plötzlich zwei Mal quer über die Straße in eine Auslage, wodurch die große Scheibe zersplitterte. Beim Zurückziehen der Waffe hielt er kurz inne. Das war der Moment, auf den Tom gewartet hatte. Das Fadenkreuz wanderte genau auf die Trommel des Revolvers. Tom hielt auf den hinteren oberen Teil an, wo sich auch der gespannte Abzugshahn befand. „Achtung, Walter, stand by!"

Tom zog den Abzug. Er spürte den leichten Rückstoß in seiner Schulter. Durch sein Objektiv sah er, dass sich die Waffe plötzlich nicht mehr in der Hand des Schützen befand. Automatisch hatte er eine zweite Patrone in den Laderaum gehebelt. „Go, go, go!" Er gab das Zugriffzeichen und Walter und sein Team rannten bereits die vier, fünf Schritte zu Bogner hin. Der schaute noch immer völlig überrascht auf seine leere Hand. Der Schuss hatte ihm die Waffe glatt aus der Hand gerissen und sie etwa drei Meter weiter in die Filiale gestoßen. Dort lag sie nun auf dem gefliesten Boden.

Als Bogner das anstürmende Team erblickte, war es bereits zu spät, um zu reagieren. Aus dem Laufen schlug ihm Walter mit der Handkante gegen die Brust. Bogner klappte wie ein Streichholz zusammen. Sofort schützte der zweite SEK-Mann die Geisel mit seinem Körper und zog sie mit sich in Sicherheit. Walter kniete inzwischen mit seinen hundert Kilo auf Bogner und legte ihm Handschellen an. „Tom von Walter!"

„Hier Tom!"

„He Tom, perfekter Schuss! Er ist unverletzt, soweit ich das beurteilen kann. Und die Geisel auch, danke!"

Tom grinste in sich hinein. „Einsatzleitung von Tom!"

„Hier Einsatzleitung!"

„Täter überwältigt und Geisel unverletzt befreit!"

In der Einsatzleitung brach Jubel aus. Jeder klopfte dem Nächststehenden auf die Schulter und vor allem Hessmann konnte sich der Gratulationen kaum erwehren.

„Danke, Männer, gut gemacht. Wir treffen uns nach dem Einrücken bei mir im Büro."

* * *

Im Büro des leitenden Amtsdirektors herrschte Stille. Das nenne ich Disziplin, dachte sich Hessmann, als er eintrat und die gesamte Mannschaft vor sich stehen sah. „Männer, begann er, ihr habt heute alle perfekt zusammengearbeitet. Ihr habt den guten Ruf unserer Einheit wieder einmal bestätigt. Einen besonderen Dank möchte ich an Erwin und Tom richten. Dem Polizisten, den ihr aus dem Gefahrenbereich geholt habt, geht es dank eures raschen Eingreifens schon wieder besser. Der Polizeipräsident hat mir bereits mitgeteilt, dass er euch für eine Belohnung vorschlagen wird. Und, Männer, da wir so etwas nicht so oft sehen, habe ich mit der Spurensicherung gesprochen und das hier noch für einige Stunden zurückbehalten. Bitte schaut es euch an, aber die Waffe bleibt im Nylonsack."

Voller Stolz hielt er einen durchsichtigen Nylonsack mit dem Tatrevolver in die Höhe. Toms Kugel hatte exakt die Trommel auf Höhe des Abzuges getroffen. Durch diese Verformung war eine Schussauslösung nicht mehr möglich. Außerdem hatte Tom den Schuss so präzise gesetzt, dass er den Täter nicht im Geringsten verletzt hatte. Der Nylonsack machte die Runde. Anerkennendes Raunen ging durch das Büro, von allen Seiten wurde Tom auf die Schulter geklopft. Am meisten freute sich Tom über Walters Lob. Er hatte einfach einen guten Draht zu ihm und seine Meinung war ihm wichtig.

Und diesen Mann hatte Beigel verdächtigt! Für so etwas hatte Jupp nur ein Lächeln übrig. Diese Kollegen vom LKA sollten sich lieber um andere Dinge kümmern. Für ihn war die Sache in diesem Moment gegessen.

∗ ∗ ∗

Nachdem er mit seinen Kollegen ein „Einsatzbierchen" getrunken hatte, beschloss Tom, Mariella zu Hause abzuholen. Sie hatte heute frei und den Nachmittag mit einer Freundin in der Münchner Innenstadt verbracht. Er rief sie an und konnte ihre Freude sogar am Telefon spüren. Er hatte vor, ihr sein Haus zu zeigen und dann für sie zu kochen. Außerdem war es an der Zeit, ihr mitzuteilen, dass ihre Schwester gerächt war. Da es aufgrund des Einsatzes so lange gedauert hatte, war sie wahrscheinlich kurz vor dem Verhungern.

Mariella wartete schon vor ihrem Haus. Sie trug eine weiße Bluse und Jeans, die ihre Figur perfekt betonten. Um den Hals hatte sie ein hellblaues Seidentuch geschlungen. Die Sandalen passten zu ihrem Gesamtbild. Sie fiel Tom um den Hals und ließ ihn ewig nicht mehr los. „Das hat aber gedauert! Was hast du nur so lange gemacht?"

„Eigentlich gar nichts. Zwei Leben gerettet und eines, das des Täters, verschont, ein normaler Arbeitstag eben!"

Mariella lachte. Sie wusste bereits, womit er sein Geld verdiente. „Natürlich, was denn sonst. Wohin gehen wir?"

„Fahren, meine Liebe, fahren! Wir nehmen ein Taxi und fahren zu mir. Ich habe schon alles für ein nettes Abendessen eingekauft!"

„Au fein, das klingt gut!"

Tom hielt das nächste Taxi an. Wenige Minuten später hielt es vor einem schmucken kleinen Haus mit einem gut gepflegten Garten und einer Garage, vor der eine große Menge kleingeschnittenes Holz lag.

Wie ein aufgeregtes kleines Mädchen rannte Mariella zum Gartentor. „Das gehört alles dir?"

Tom lachte und warf ihr den Schlüssel zu.

Sie sperrte die Haustür auf und war im Wohnzimmer verschwunden, noch bevor er eingetreten war. Tom hatte einen guten Geschmack, das war ihm bewusst. Er war jemand, der es liebte, eine gewisse Ordnung in seinem Haus zu haben. Alles hatte seinen Platz, die Küche war blitzsauber und sein Bad sah aus wie frisch aus einem Katalog. Seit dem Tod seiner Frau und seiner Tochter hatte er sich zu einem perfekten Hausmann entwickelt.

Mariella war beeindruckt, als er sie durch das Haus führte. „Dir fehlt eine Terrasse", meinte sie.

„Falsch", kam es sofort zurück. Er öffnete eine Schiebetür und schob Mariella ins Freie. Eingebettet in eine Hecke aus wunderschönen roten Rosenstöcken lag eine windgeschützte

Terrasse. Der Boden war aus Bangkirai-Brettern gefertigt. Das schön gemusterte Ecksofa lag unter Dach und war somit vor Regen geschützt. Der Tisch war aus Rattan gefertigt, ebenso wie die beiden Stühle. Den Grill hatte Tom selbst gemauert, man konnte ihn auch als Backofen benutzen.

Mariella war begeistert. „Können wir heute hier essen, bitte?"

„Natürlich! Du kannst dich hierher setzen und ich gehe schon mal in die Küche. Bereitest du uns vorher einen Drink, Mariella? Ich zeige dir, wo alles steht, was du dazu brauchst."

„Ja, großer Mann, mach ich gern! Was hättest du denn gern?"

„Caipirinha wäre gut. Ich habe frische Limetten und Minze gekauft, den braunen Zucker und Cachaça findest du auf dem Cocktailwagen neben dem Grill. Das Crushed-Ice habe ich im Kühlschrank in der Küche!"

Mariella fühlte sich wie zu Hause. Sie fand sogar die Gläser, ohne Tom danach fragen zu müssen. Sie schnitt die Limetten auf dem Holzbrett neben dem Grill und zerdrückte sie mit dem braunen Zucker und den Minzeblättern. Dann befüllte sie die Gläser mit dem zerkleinerten Eis. Zum Schluss goss sie noch Cachaça darüber und brachte beide Gläser in die Küche, wo Tom bereits zwei zarte Filetsteaks in einer Eisenpfanne garte. Mariella lief das Wasser im Mund zusammen.

„Hier, Küchenmeister, dein Drink. Ich hoffe, er passt!"

Tom nippte kurz an seinem Glas und war begeistert. „Perfekt! Ich glaube, ich werde dich anstellen!"

„Das kannst du dir nicht leisten!"

„Okay, dann eben nicht. Und jetzt brauche ich meine Ruhe. Kannst du in der Zwischenzeit den Tisch decken? Ich bin in fünf Minuten fertig."

Mariella lud Geschirr und Besteck auf ein Tablett und trug alles auf die Terrasse.

Tom hatte am Vortag bereits einige große Kartoffeln gekocht und diese jetzt im Ofen aufgewärmt. Auch eine würzige Sauerrahmsoße hatte er schon vorbereitet. Bei den Kartoffeln im Ofen lag noch ein großes Stück Knoblauchbaguette in Alufolie.

Während die Steaks brutzelten, schnitt er noch schnell ein wenig grünen Salat und einige tiefrote Tomaten klein und marinierte sie mit Olivenöl, Salz, frisch gemahlenem Pfeffer und etwas Balsamico-Essig. Mit einer Prise Zucker rundete er den Geschmack ab. Er nahm die Pfanne vom Feuer, um das Fleisch einen Moment rasten zu lassen.

Das Anrichten der Speisen hatte er schnell erledigt. Er bat Mariella, die ihm inzwischen wieder zusah, das Essen auf die Terrasse zu tragen. Sie hatte einstweilen das Licht angemacht und die kleine Terrasse erschien beiden wie eine typisch italienische Trattoria am Meer.

„Voila, Mademoiselle, es ist angerichtet! Bon appetito." Tom schob ihr sogar noch den Stuhl zurück und bat sie, am Tisch Platz zu nehmen.

Was für ein perfekter Mann er doch war! Mariella wusste schon, wie sie ihn später für dieses Essen belohnen würde. Sie lächelte und dann genossen beide das späte Mahl.

* * *

Maik hatte die Ankunft der beiden aus seinem getarnten Bus beobachtet. Mit einem Zoomobjektiv hatte er einige Fotos geschossen. Vor ihm lag ein Hefter, in den er jede von Toms Bewegungen seit dem Verlassen der Dienststelle des SEK eingetragen hatte. Vom heutigen Einsatz, dem perfekten Schuss und der Geiselrettung sowie der Bergung des Polizisten durch Tom hatte er über einen befreundeten SEK-Mann erfahren. Er war sich immer noch nicht sicher, ob Beigel diesmal nicht einem absolut falschen Gefühl nachging. Aber er würde seine Arbeit wie immer erledigen und warten. Das konnte er und hatte es immer gern getan. Geduld führte früher oder später stets zum Ziel. Dass er heute eher länger warten würde, war ihm klar. Also machte er es sich im hinteren Teil des Campingbusses mit den abgedunkelten Scheiben bequem.

* * *

Jan Albert wurde von seinem Betreuer aus seiner Zelle in der geschlossenen Anstalt für Sexualstraftäter geholt und in den Warteraum der Direktorin gebracht. Die Direktorin hatte heute eine außertourliche Sitzung mit drei Psychologen anberaumt.

Jan verbrachte bereits sein zwölftes Jahr im geschlossenen Vollzug. Früher hatte er zusammen mit zwei Belgiern einen Kinderpornographie-Handel betrieben. Bei seiner Festnahme waren mehrere bis zu dem Zeitpunkt vermisste Kinder aus der Gewalt dieses schwer gestörten Trios befreit worden. Die Gräueltaten, welche den Kindern in der Gewalt dieser drei Männer und deren zahllosen Kunden widerfahren waren, ließen sich mit Worten fast nicht beschreiben. Die Belgier waren in ihrer Heimat zu langjährigen Haftstrafen verurteilt worden, während man Albert auf unbestimmte Zeit in diese Anstalt für geistig abnorme Verbrecher eingewiesen hatte.

Obwohl er in seiner Zelle jeden Tag sexuelle Träume und perverse Fantasien mit kleinen Kindern hatte und sich dabei immer und immer wieder selbst befriedigte, hatte er es geschafft, seiner Betreuerin etwas anderes zu suggerieren. Er hatte an allen Therapiesitzungen teilgenommen, sich nie auffällig verhalten, sich endlosen Untersuchungen unterzogen und bei den vorgegebenen Tests gut abgeschnitten.

Und heute würde er vor der Kommission bestehen müssen. Nur dann würde er eine Chance haben, dieser Hölle mit den täglichen Tabletten und den endlosen Therapien zu entkommen. Seine Kontakte zu seiner früheren Szene waren dank der eingeschmuggelten Smartphones mit Internet immer noch gut und er hatte das Warten auf die Befriedigung seiner abartigen Gelüste satt.

Als die Tür zum Büro der Direktorin endlich aufging und er aufgerufen wurde, war er bereit wie noch nie zuvor. Mit einem aufgesetzten Lächeln trat er vor die Psychologen und beantwortete alle an ihn gestellten Fragen völlig ruhig und souverän zu deren Zufriedenheit. Er achtete auf Fangfragen. Auch wenn sie ihm dieselbe Frage immer wieder leicht verändert stellten, um ihn zu verunsichern, fiel er nicht auf diese Fallen herein. Als er nach etwa zwei Stunden wieder in seiner Zelle lag, war er sicher, alles getan zu haben, was seiner Entlassung förderlich sein würde. Es dauerte aber noch drei Wochen, bis seinem Entlassungsgesuch endlich stattgegeben wurde.

Seine Therapeutin feierte das zusammen mit ihm mit einem Glas Sekt, das sie heimlich in die Anstalt geschmuggelt hatte. Sie war eine vernachlässigte junge Frau mit einer mittelmäßigen Figur, strähnigen, fettigen Haaren und einer dicken Hornbrille. Als sie ihm vor vier Jahren zugeteilt worden war, hatte Albert schon nach kurzer Zeit gemerkt, dass ihm diese Frau verfallen, ja fast schon hörig war. Er hatte sie dann für seine Zwecke benutzt und manipuliert. Sie hatte ihm gegen Ende seiner Haftzeit sogar angeboten, nach seiner Entlassung für ihn zu sorgen. Zudem hatte sie ihm ein Zimmer in ihrem Haus angeboten, welches sie allein bewohnte. Jedoch hatte er sie nur so lange benötigt, bis sie die Direktorin dazu veranlasst hatte, einer Anhörung für eine vorzeitige Entlassung zuzustimmen.

Was sie nicht wusste, war, dass er immer noch einzig und allein an kleinen Kindern interessiert war. Diese hilflosen, unschuldigen Geschöpfe hatten es ihm angetan. Er wusste, dass die Eltern der geschädigten Kinder über eine eventuelle frühzeitige Entlassung informiert werden würden, aber das machte ihm nichts aus. Man hatte ihm mitgeteilt, dass er in eine betreute Unterkunft ziehen sollte, wo man ihn auf die Zeit nach der Haft vorbereiten würde.

* * *

Beigels Mitarbeiter erfuhren als Erste von der bevorstehenden Entlassung Alberts. Beigel hatte alle Justizanstalten und andere Anstalten für geistig abnorme Rechtsbrecher angewiesen, diese Informationen an sein Team weiterzugeben. Albert passte genau in das Schema. Sie wussten nur noch nicht, wie der Täter immer wieder auf seine Opfer kam.

Bei der Frühbesprechung wurde sofort ein Team zusammengestellt, das die ersten Tage nach Alberts Entlassung dessen Überwachung durchführen würde. Maik war schon mit einem Kollegen für Tom abgestellt, und so hatte Beigel Hans in dieses Team gesteckt. Sie konnten nur hoffen, dass der Täter diesen Köder nehmen würde.

* * *

Tom hatte die ganze Nacht mit Mariella verbracht. Nach dem Essen hatten sie gemeinsam abgespült und dann hatte sie ihn nach allen Regeln der Kunst verführt. Vor dem Einschlafen hatte er ihr die Sache mit Haller erzählt – entgegen seinen Gewohnheiten in allen Einzelheiten, denn sie hatte darauf bestanden. Er hatte ihren unbändigen Hass gespürt, genauso wie er den Unglückslenker gehasst hatte, der seine Frau und sein Kind auf dem Gewissen hatte. Er fühlte sich gut, und es kam noch besser: Am Morgen nach dem Frühstück erhielt er auf seinem Privathandy eine SMS von einem seiner Informanten.

Mariella hatte eine Freundin gebeten, sie auf dem Weg zur Arbeit bei Tom abzuholen. Er begleitete sie bis zum Gartentor, wo sie sich mit einem langen Kuss voneinander verabschiedeten.

Maik beobachtete die beiden durch sein Fernglas. Er sah, dass ein alter, verbeulter Renault Scenic vor Toms Haus anhielt, in den dessen Freundin einstieg. Er duckte sich, als das Fahrzeug an ihm vorbeifuhr. Dann widmete er sich wieder seinem eigentlichen Ziel und sah, dass Tom ins Haus zurückging.

Tom wählte die Nummer seines Informanten. „Hallo Erich, was gibt's?"

„Hi Tom, ich habe etwas für dich. Kannst du dich an diesen Albert Jan erinnern, der vor vielen Jahren wegen mehrfacher Kindesentführung und Kinderpornographie weggesperrt wurde?"

Tom schluckte. Ja, er erinnerte sich. Das SEK hatte gleichzeitige Zugriffe auf mehrere Häuser in ganz Deutschland gemacht, während ihre Kollegen in Belgien auf einem abgelegenen Bauernhof zugriffen. Sie hatten mehrere entführte Minderjährige befreit, die dort als Lustsklaven für gut betuchte Klienten gehalten worden waren. Dabei waren mehrere Hundert Kassetten mit Kinderpornographie gesichert worden. „Ja natürlich erinnere ich mich. Was ist mit ihm? Hat er sich endlich in seiner Zelle erhängt?"

„Nein, Tom, viel schlimmer. Er wird in Kürze als geheilt in ein Projekt ‚Betreutes Wohnen' unter Aufsicht einiger Betreuer entlassen."

„Das kann doch nicht wahr sein!", stöhnte Tom auf. „Wisst ihr, wo diese Einrichtung liegt?"

„Ja, das wissen wir. Etwas außerhalb von München, und zwar im Süden. Die Adresse und das letzte aktuelle Foto von Albert schicke ich dir auf dein Handy. Was wirst du tun?"

„Kann ich dir noch nicht sagen, ich lasse mir was einfallen. Aber du kannst mir einen Gefallen tun. Suche mir die Namen und Adressen der geschädigten Eltern heraus und lasse sie mir wie immer zukommen. Danke."

„Mach ich. Viel Glück!"

Tom konnte es nicht glauben. Wie viele Straftäter ließ dieses abartige Justizsystem denn noch laufen? Sein Informant gehörte zu einer Gruppierung, auf die er vor Jahren durch Zufall im Internet gestoßen war. Diese Leute hatten es sich zum Ziel gemacht, auf die Missstände in der deutschen Justiz hinzuweisen. Sie verfolgten Prozesse, Verurteilungen, deckten Fehler im Vollzug auf und versuchten, frühzeitig entlassene Sexualstraftäter für Anwohner erkennbar zu machen. Tom hatte an einigen Sitzungen des Vereins teilgenommen und die Gruppe in kleinem Maße finanziell unterstützt. Auf diese Weise hatte er sich Zugang zu Daten verschafft, die ihm bereits des Öfteren zugutegekommen waren. Einen der militantesten Mitglieder, eben diesen Erich, hatte er geködert. Sie hatten bei den Treffen mehrfach darüber gesprochen, wie man diese Gerichtsirrtümer bereinigen könnte. Während es für Erich ewig Fantasien geblieben waren, hatte Tom die Möglichkeit gehabt, aufgrund seines Wissens und seiner Ausbildung diese Fantasien umzusetzen. Tom wusste nicht, wie diese Gruppe an all diese Daten von Inhaftierten gelangte, aber bis zum heutigen Tag hatten alle Angaben immer perfekt gepasst.

Er würde sich später um die Sache kümmern. Zunächst bereitete er sich einen Kaffee zu. Den alten Campingbus hatte er schon gestern gesehen. Irgendetwas kam ihm nicht richtig vor, aber er wusste nicht, was es war. Konnte es sein, dass man ihn bereits beschattete? Der seltsame Beigel etwa, hatte der den Braten gerochen? Tom würde es herausfinden. Er zog sich seine Sportsachen an und griff nach einer leeren Sporttasche, die er über seine Schulter streifte. Nachdem er seinen Kaffee ausgetrunken hatte, ging er ins Erdgeschoss, öffnete die Haustür und trat ins Freie. Er ging mit flottem Schritt an dem Campingbus vorbei und achtete darauf, ob sich darin etwas bewegte. Als er schon fast vorbeigegangen war, sah er aus dem Augenwinkel, dass im hinteren seitlichen Bereich des

Busses der Vorhang wackelte. Bingo, dachte er sich. Ich werde also beschattet. Er ging weiter, als hätte er nichts bemerkt, holte Milch und Brot beim Bäcker und kam ein paar Minuten später wieder zum Haus zurück.

Der Bus stand immer noch dort. Im Inneren hatte Maik seine Notizen gemacht. Fast hätte er mich gesehen, dachte er. Tom hatte ihn überrascht, als er unmittelbar am Bus vorbeigegangen war. Über Funk hatte Maik seinem Kollegen die Richtung mitgeteilt, in die Tom gegangen war. Die Fußobservation hatte jedoch nur ergeben, dass Tom zum Bäcker gegangen war. Sein Diensthandy wurde bereits seit Tagen abgehört. Aber Tom hatte nichts Verdächtiges von sich gegeben. Einige seiner Kollegen hatten ihm zu seinem Schuss gratuliert und seine Freundin hatte ihn ein- oder zweimal angerufen und mit ihm über belangloses Zeug gesprochen.

* * *

Wieder im Haus stellte Tom Überlegungen an. Wenn er beschattet wurde, dann ging das mit Sicherheit von Beigel aus. Beigel hatte im Präsidium einen ganzen Raum für die Ermittlungsgruppe in Sachen Mayer, Müssing, Becher, Haller und der beiden Politikersöhne beschlagnahmt, wie Tom aus Kollegenkreisen erfahren hatte. Diesen Raum würde er heute Abend aufsuchen, um sich Gewissheit zu verschaffen. Er würde sehr vorsichtig sein müssen, aber nach acht Uhr war eigentlich nur mehr die Wache am Tor und niemand sonst in diesem Abschnitt des Hauses.

Als er am Nachmittag zum wiederholten Male aus dem Fenster sah, konnte er eine Ablöse zwischen zwei ihm unbekannten Kollegen beim Campingbus beobachten. „Scheiße!", fluchte er.

Maik hatte seine Position bereits am Vormittag nach Toms Einkauf gewechselt und war zum Schlafen nach Hause gefahren. Er hatte seine jungen und unerfahrenen Kollegen vor Tom gewarnt und sie gebeten, nur im Ausnahmefall zu wechseln. Aber genau das hatten sie verbockt, weil einem von ihnen das Campingklo im Bus nicht behagte und er deshalb einen Kollegen zur Ablöse gerufen hatte. Anfängerfehler!

* * *

Um zwanzig Uhr stand Tom unauffällig gekleidet auf seiner Terrasse. In einem Rucksack hatte er ein kleines Päckchen dabei. Er hatte in einigen Zimmern Licht angelassen und einen Pappkarton im Wohnzimmer aufgehängt. Davor stand ein eingeschalteter Zimmerventilator. Durch den wackelnden Karton gab es immer wieder Lichtreflexionen, die den Beobachtern Bewegungen im Zimmer suggerierten.

Nun konnte es losgehen. Tom schlich sich tief geduckt zur Hecke, die seinen Garten umschloss. Locker flankte er seitlich darüber und ging durch den Nachbarsgarten in Richtung einer unbeleuchteten Nebengasse. Mehrmals blieb er stehen und lauschte in die dunkle Nacht hinein. Aber die Beobachter hatten offensichtlich versagt.

Kurz vor einundzwanzig Uhr kam er am Eingang zum Präsidium an. Er nahm sein Päckchen aus dem Rucksack und ging auf die Wache zu. „Hallo, grüß dich, ich habe hier noch etwas für Beigel. Ich lege es ihm in den Seminarraum." Der Wachmann hatte Tom schon einige Male gesehen und wusste, dass er einer der ihren war. Er öffnete die Schranke und Tom ging in Richtung des Hauses, in dem der Seminarraum lag. Es musste schnell gehen, damit er genug Zeit hatte und die Wache keinen Verdacht schöpfen konnte. Als er den Raum betrat, sah er, dass dort alle seiner Fälle gut aufbereitet und sortiert an die Pinnwände geheftet waren. Aber was ihn am meisten interessierte, war die Tafel ganz rechts. Auf ihr prangte ganz oben sein Foto. Das ihm zugewiesene Observationsteam wurde von Maik angeführt. Auch das noch! Kopien seiner Dienstpläne, Fotos von ihm und Mariella beim Eintreffen vor seinem Haus, der Wagen der Freundin, die Mariella abholte. Fotos von seinem BMW, seinem Bus, die Kennzeichen. Außerdem ein Antrag auf eine Telefonüberwachung seines Diensthandys und die Observationsprotokolle der letzten beiden Tage. Tom überflog die anderen Tafeln. Dann stockte er. Jan Albert. Dazu das entsprechende Observationsteam und die Adresse der betreuten Wohnung. Offensichtlich ein Köder für ihn! Das nenne ich aber Glück, lachte er in sich hinein. Er würde in Zukunft sehr aufpassen müssen. Er stopfte das leere Päckchen unter seine Jacke und verließ das Präsidium auf dem gleichen Weg, auf dem er gekommen war. Der Wachmann winkte ihm zu und schaute wieder auf seinen Bildschirm, wo ein Fußballspiel lief.

Bevor Tom eine Stunde vor Mitternacht die Rollos herunterließ, warf er noch einen Blick aus dem geöffneten Fenster. Offenbar hatte keiner der Beobachter etwas von seinem nächtlichen Ausflug bemerkt. Tom legte sich auf seine Couch und dachte nach.

Er hatte nach dem Tod seiner Eltern mit dem Erreichen der Volljährigkeit nicht nur das Elternhaus, sondern auch ein kleines Jagdhaus auf einem Berg in der Nähe des Tegernsees geerbt. Bereits sein Großvater hatte dort eine kleine Hütte über einem alten Silberstollen angelegt. Aber von der Mine hatte er niemandem erzählt. Diese war sein kleines Geheimnis geblieben. Das Häuschen war oberhalb der Baumgrenze direkt unter eine leicht überhängende Felswand gebaut. Man konnte sich praktisch von keiner Seite ungesehen annähern. Ein kleiner, unbefestigter Weg endete etwa hundert Meter unterhalb. Der steile Hang war grasbewachsen und wurde an einigen Stellen von größeren Steinen und Büschen unterbrochen. Als er vor einigen Jahren die Hütte in langer Arbeit restauriert hatte, war er auf eine schwere, in den Steinboden eingelassene Holzplatte gestoßen. Als er sie mit Mühe weggebrochen hatte, war er auf den unterirdischen Gang gestoßen, der offensichtlich vor langer Zeit von Grubenarbeitern in den Fels gehauen worden war. In diesem Gebiet war Silber abgebaut worden. Er hatte den Gang jahrelang vorsichtig erforscht und Stützen eingebaut, die das Einstürzen verhindern sollten. Der Gang der Mine war fast einen Kilometer lang, bis auf einige Wassereinschlüsse gut erhalten und er kam weit unterhalb der Baumgrenze in der Nähe eines Bauernhofes wieder ans Tageslicht. Auch dieser Eingang war so gut getarnt, dass ihn bis zum heutigen Tage niemand außer ihm gefunden hatte. Tom hatte im Laufe der Jahre einen großen Vorrat an Lebensmitteln dorthin gebracht. Auch einige Waffen, Sprengstoff und andere nützliche Dinge hatte er in der Hütte deponiert. Sollte in Zukunft etwas schiefgehen, würde er versuchen, dorthin zu flüchten. Das Haus war praktisch uneinnehmbar. Dort konnte er es lange aushalten. Und der Fluchtweg ließ alles offen. Er würde jetzt ein, zwei Stunden schlafen und dann mit den Vorbereitungen beginnen.

* * *

Bei der morgendlichen Besprechung im Präsidium gab es wie immer in den letzten Tagen keinerlei Neuigkeiten. Nach der Aufgabenverteilung für den Tag kam Maik auf Beigel zu und fragte: „He, Chef, du warst doch bei den Jungen in der Klinik."

„Ja, war ich, warum?"

„Ich habe da so eine Idee!"

Beigel schaute hoffnungsvoll auf. Er wusste, dass Maik einer seiner besten Männer war, und seine Ideen kamen nie von ungefähr. Maik war ein Denker. „Ja, Maik?"

„Du hast doch erzählt, dass einer der Jungen in der Klinik aufgeschrieben hatte, dass der Unbekannte etwas zu ihnen gesagt hat, bevor er anfing, sie zu quälen, richtig?"

„Ja, das habe ich!"

„Also, wenn du den Jungs eine Tonbandaufnahme von den abgehörten Gesprächen von Tom vorspielen würdest, glaubst du nicht, dass sie sich an diese Stimme erinnern würden?"

Beigel wurde es heiß. Dass er darauf nicht selbst gekommen war! „Natürlich, das würde gehen."

„Na, Chef, dann frage ich mich nur, warum du noch nicht unterwegs bist. Ich habe heute erst am Abend wieder Schicht, das heißt, ich könnte dich begleiten."

„Bin schon unterwegs, ich besorge noch einen Tonträger, Maik!"

Einige Minuten später waren sie auf dem Weg zum Krankenhaus. Beigel hatte Dr. Schuhmann bereits über seinen Plan informiert. Der Arzt hatte ihm mitgeteilt, dass die Burschen inzwischen in der Lage waren, Gespräche zu führen. Zu der Sache hatten sie allerdings nichts mehr von sich gegeben.

Beigel war aufgeregt. Manchmal lagen die Dinge ganz klar vor einem, ohne dass man sie zu deuten wusste. Gott sei Dank gab es Leute wie Maik.

Als sie beim Krankenhaus eintrafen, wartete Dr. Schuhmann bereits im Eingangsbereich. „Guten Morgen. Wir haben die Jungen auf die Normalstation verlegt. Zwischen anderen Patienten hätte es der Täter schwerer, unbemerkt etwas anzustellen. Und die Polizisten sind ja auch immer noch da!"

Beigel sah den Kollegen vor dem Zimmer sitzen. „Hallo, alles klar?"

„Natürlich, Herr Beigel, was sollte schon sein?"

Beigel betrat das Zimmer und sah sofort die Veränderungen an den Jungen. Die Verbände waren zwischenzeitlich kleiner geworden und auch die Verkrustungen und Verfärbungen der Haut hatten nachgelassen.

„Guten Morgen." Das kam von Pascal. „David, wir haben Besuch, wach auf!" David drehte sich um und sah etwas schüchtern in Richtung der Beamten. „Ja bitte?"

Wir haben von einem Verdächtigen in eurer Sache eine Tonbandaufnahme. Glaubt ihr, ihr würdet die Stimme des Täters wiedererkennen. Während in Davids Augen sofort nackte Angst aufflackerte, nickte Pascal. Beigel nahm sein Diktiergerät und spielte ein Telefongespräch zwischen Tom und Mariella ab.

Schon nach wenigen Sekunden schrie Pascal auf. „Das ist er, das ist die Stimme!"

David nickte zustimmend. Er war schon beim ersten Ton von Toms Stimme zusammengezuckt.

„Seid ihr euch sicher?", fragte Beigel.

„Zu hundert Prozent!", gaben beide sofort zurück.

„Danke, das war es. Wir werden uns melden, wenn wir mehr wissen", sagte Beigel.

Nachdem sie sich von Dr. Schuhmann verabschiedet hatten, gingen sie zum Auto und fuhren zurück ins Präsidium. „Wir werden eine Sonderbesprechung einberufen", sagte Beigel. „Wir brauchen einen Haft- und einen Hausdurchsuchungsbefehl. Zudem werden wir Hessmann verständigen und ihn einladen, an der Sitzung teilzunehmen. Wir brauchen einen Staatsanwalt, einen Psychologen und ein Verhandlungsteam. Bis auf die beiden Observationsteams, die sich mit Tom und Jan Albert beschäftigen, kannst du alle von ihren Aufgaben abziehen. Wir werden für diese Festnahme mehrere Teams benötigen." Als sie beim Wachmann vorbeifuhren, winkte der in seine Richtung. „Hallo Peter, was gibt's?"

„Haben Sie das Päckchen bekommen, das der Kollege gestern Nacht vorbeigebracht hat?"

„Welcher Kollege?", fragte Beigel.

„Ich weiß nicht. Ich habe ihn schon ein paarmal gesehen, kenne ihn aber nicht persönlich. Er hat für Sie ein Päckchen in den Seminarraum gelegt", gab der Portier zurück.

„Wann war das?", fragte Beigel.

„Gegen einundzwanzig Uhr!"

„Ich habe kein Päckchen gefunden, aber ich werde gleich nachschauen, danke!"

„Maik, hast du eine Ahnung, wer uns ein Päckchen gebracht haben könnte? Erwarten wir etwas?"

„Nicht, dass ich wüsste", antwortete Maik. „Aber das werden wir gleich haben."

In diesem Moment dachten beide dasselbe, aber keiner sprach es aus. Maik wählte die Telefonnummer des Kollegen, der Tom um diese Zeit beschattet hatte.

„Hallo Kleiner, hast du gestern Abend das Haus observiert?"

„Ja, Maik, habe ich, zusammen mit Egon, warum?"

„Hat Tom am Abend irgendwann das Haus verlassen?"

„Nein, er war bis etwa dreiundzwanzig Uhr im ersten Stock und hat dann das Licht ausgeschalten."

„Hatte er Besuch?"

„Nein, er war allein. Ich habe immer wieder Bewegungen gesehen, ihn selbst aber erst, als er die Rollos herunterließ."

„Danke dir."

„War irgendetwas?", kam es aus dem Hörer.

„Nein, in diesem Fall nicht, danke." Maik legte auf und sah Beigel an. „Hast du an dasselbe gedacht?"

„Ja, ich denke schon. Schauen wir mal nach dem Paket."

Natürlich fanden sie kein Paket. Maik schnappte sich das Foto von Tom und war sogleich auf dem Weg zur Torwache. Nach zwei Minuten kam er zurück und fluchte: „Scheiße, große Scheiße, nun weiß er Bescheid!"

Wie konnten wir nur so dumm sein? Die Tür zum Seminarraum war nicht einmal versperrt. Der ist gefährlicher, als ich dachte, fast schon genial, dachte sich Beigel und schüttelte den Kopf.

„Chef, das ist noch mehr als scheiße, das hier ist eine Katastrophe! Nun weiß er, dass wir ihm auf den Fersen sind. Ganz bestimmt wird er nicht untätig bleiben. Ich glaube auch nicht, dass er auf uns warten wird. Und wenn, dann möchte ich nicht derjenige sein, der in dieses Haus eindringen muss. Er kennt sich mit Sprengstoff aus und ich gehe davon aus, dass er den auch zur Sicherung seines Besitzes einsetzen wird. Berufe die Sitzung lieber sofort ein. Und verständige die Observanten. Sie sollen besser aufpassen. Er hat unseren Bus ganz bestimmt schon gecheckt."

* * *

Tom hatte sich seine Weckuhr auf ein Uhr gestellt. Im Dunkeln am Boden sitzend zog er sich vorsichtig an. Für das, was nun kam, bevorzugte er einen schwarzen Rollkragenpullover und dunkle Hosen. Er schnürte seine Einsatzstiefel und zog sich eine Wollmütze mit Augenschlitzen über. Dann griff er nach dem kleinen Rucksack, den er bereits vorbereitet hatte. Wehmütig schaute er sich um. Ihm war klar, dass er dieses Haus, das er so liebgewonnen hatte, zum letzten Mal sah. Im Haus gab es keinerlei Spuren oder Dinge, die auf einen Zusammenhang mit seinen Taten hinwiesen. Aber die Garage hatte es in sich. Seine selbsterstellte Mappe mit den Zeitungsberichten, seine Waffen und auch der Sprengstoff würden bei einer peniblen Suche vielleicht gefunden werden. Also hatte er vor seiner Flucht noch ein Problem zu lösen. Wie bereits am Abend schlich er durch die Terrassentür in den Garten. Dicht an den Boden gepresst robbte er langsam bis zur Garage. Aus dieser Position konnte er den Bus, in dem seine Beobachter saßen, nicht sehen. Da er aber nichts dem Zufall überlassen wollte, schlich er sich vorsichtig weiter an den Zaun heran. Er schob leise ein paar Büsche zur Seite, bis er über die Straße auf den geparkten Bus blicken konnte. Durch diese Lücke hatte er ihn gut im Blickfeld. Nach einiger Zeit des Beobachtens sah er, dass das Gefährt für kurze Zeit leicht wackelte. Also war es besetzt. Eine Fußstreife wäre für den oder die Insassen zu dieser Zeit auch wenig sinnvoll gewesen. Nun konnte er also unentdeckt die Garage betreten. Rückwärts arbeitete er sich auf die Tür zu. Er öffnete sie langsam ein kleines Stück und zwängte sich seitlich durch die Öffnung. Dann schloss er die Tür sofort wieder. Nachdem er die Truhe zur Seite geschoben hatte, löste er vorsichtig die geheime Abdeckung. Er wusste blind, wo sich alles befand. Er brauchte nicht einmal die Taschenlampe, die er immer mit sich führte. Nach kurzem Nachdenken nahm er mehrere Pakete Plastiksprengstoff und eine Zündkapsel. Er hatte sich schon früher mehrere verschiedene Zündvorrichtungen gebaut. Dieses Mal würde er einen Zugzünder benötigen. Auch dieser wanderte in seinen Rucksack. In einer kleinen Kiste hatte er sein „Notfallgeld" vorbereitet. Seine gesamten Ersparnisse der letzten Jahre hatte er hier gehortet. Damit konnte er einiges anfangen. Auch das Geld kam in den Rucksack. Bevor er die Verkleidung wieder an die vorgesehene Stelle vor seinem Geheimversteck brachte, nahm er einige Handgranaten und legte sie in einen Kübel. Bei einer von ihnen entfernte er vorsichtig den Splint. Dann schob er sie in ein Wasserglas, damit der Bügel nicht wegspringen konnte. Beim Schließen des Verschlages stellte er das Wasserglas auf ein Brett oberhalb der Tür und zog diese langsam zu. Sollte der Zugzünder versagen, würde beim Öffnen dieser Tür das Glas in den Kübel mit den Handgranaten fallen und zerspringen. Dadurch konnte der Bügel wegspringen und die Explosion der ersten Granate würde alle anderen zur Umsetzung bringen. Niemand würde nach diesem Kracher noch irgendeine Spur finden. Den Plastiksprengstoff steckte er in eine Truhe neben dem Eingang. Ganz langsam drückte er die Zündkapsel hinein und verband die Drähte mit dem selbstgebastelten Zugzünder. Den Draht fixierte er an der Garagentür. Bei jedem noch so kleinen Zug würde seine brisante Vorrichtung umsetzen. Diese vier Kilo Sprengstoff waren genug, um die gesamte Garage in ihre Einzelteile zu zerlegen. Wahrscheinlich würde auch sein Haus noch einiges abbekommen. Er selbst öffnete das Fenster an der Hinterseite der Garage. Leise stieg er hinaus und machte sich daran, seine Spuren unkenntlich zu machen. Mit einer kleinen Fensterfalle schloss er das Fenster von außen, wie er es schon in Müssings Appartement gemacht hatte. Dann wählte er denselben Weg, den er am Abend zuvor genommen hatte. Ein paar Straßen weiter stieg er in ein Taxi und ließ sich zum Bahnhof bringen. Er kaufte sich ein Ticket nach Tegernsee. Von dort aus würde er einen Bus über Kreuth zur Siedlung Bayerwald nehmen. Den Weg in Richtung Sonnbergalm im Buchsteingebiet konnte er locker zu Fuß zurücklegen. Bis irgendjemand auf die Idee kam, dass er sich auf seine Hütte zurückgezogen hatte, konnte er sich weitere Schritte überlegen. Er hatte nur sein privates Handy mit. Eine Ortung war also nicht möglich. Doch bevor er das Haus verlassen hatte, hatte er ihnen noch eine letzte Chance gegeben. Er wollte nicht, dass irgendein Kollege zu Schaden kommen würde. Also hatte er von seinem Diensthandy noch schnell eine letzte SMS an Beigel geschickt. Das Einzige, was ihn wirklich bedrückte, war die Tatsache, dass er Mariella nicht mehr sehen oder kontaktieren konnte. Er hatte sich an sie gewöhnt und sie in dieser kurzen Zeit richtig liebgewonnen. Wahrscheinlich würde man sie befragen und sie über den Sachverhalt seines Doppellebens aufklären. Man würde hoffen, über sie auf seine Spur zu kommen. Dummerweise hatte er ihr gegenüber die Hütte am Buchstein schon einmal erwähnt, weil er sie für ein Wochenende dorthin mitnehmen wollte. Doch das ließ sich nun nicht mehr ändern.

Ihm blieb noch eine Stunde, bis der Zug abfahren würde. Und so kaufte er sich bei einem Imbiss ein Hot Dog und setzte sich auf eine Bank zu einem alten Mann, welcher offensichtlich auf denselben Zug wartete.

* * *

Im Seminarraum des Präsidiums war die Hölle los. Die Neuigkeiten hatten schnell die Runde gemacht. Der Chef des SEK war
bereits instruiert worden. Er war blass geworden, als er wahrnehmen musste, was Tom, einer seiner besten Männer, angerichtet hatte. Die Sache mit den beiden Politikersöhnen konnte ihm
zu hundert Prozent zugeordnet werden, und dass er auch die
Morde begangen hatte, das war aufgrund der anderen Beweise
und der Art der Tatausführung so gut wie klar. Niemals hätte
er Tom so etwas zugetraut. Aber man konnte eben nicht in eine
Person hineinschauen. Er hatte eine Gesamtalarmierung aller
SEK-Kollegen beauftragt. Der Staatsanwalt hatte alle von Beigel
geforderten Maßnahmen sofort bewilligt. Ein Haftbefehl und
ein Hausdurchsuchungsbefehl waren bereits angeordnet. Beigels Mitarbeiter verteilten Fotos von Tom an alle Anwesenden.
Eine Fahndung an die regulären Kräfte war bisher unterblieben,
da man aufgrund der Meldungen der Beobachter annahm, dass
Tom sich in seinem Haus aufhielt.

Ein Team von SEK-Kräften hatte bereits in ziviler Ausrüstung eine großräumige Außensicherung rund um Toms
Haus aufgezogen.

Beigel bat alle Anwesenden um Ruhe. Die daraufhin eintre-
tende Stille im Raum war fast ein wenig unheimlich. „Hallo
Männer, mir ist sehr wohl bewusst, dass der heutige Tag ein
schwarzer Tag für alle Polizisten und SEK-Leute ist. Wenn
einer von uns so etwas Schlimmes tut, mag es für viele unver-
ständlich sein, speziell für die unter uns, die Tom besser
kannten. Er war und ist immer noch jemand, der viel Gutes
für die Polizei getan hat, wie wir ja erst vor Kurzem beim
Einsatz in der Bank gesehen haben. Was ihn schlussendlich
dazu gebracht hat, Menschen zu ermorden und die beiden
Jungen zu foltern, mag dahingestellt sein. Fakt ist, dass wir
Tom festnehmen müssen. Da wir nicht über das nötige Wissen und die Ausrüstung für diesen Einsatz verfügen, werden
wir die Einsatzleitung ab jetzt an den leitenden Direktor des

SEK Südbayern, Jupp Hessmann, übergeben. Jupp, bist du bitte so nett?"

Beigel übergab an seinen Kollegen. Die beiden hatten sich kurz nach seinem Eintreffen abgesprochen. Er hatte sich für seine unwirsche Art entschuldigt, die er und Walter an den Tag gelegt hatten. Aber zum damaligen Zeitpunkt hatten beide nicht an einen Zusammenhang dieser Taten mit einem ihrer Fälle geglaubt.

„Walter, bitte die Luftaufnahmen."

Walter bediente den Videobeamer, der ein großformatiges Bild an die Wand projizierte.

Alle sahen Toms Grundstück mit dem Häuschen und der danebenliegenden kleinen Garage.

Der leitende Direktor begann mit seinem Vortrag. „Wir haben Teams an allen vier Seiten seines Grundstückes postiert. Auf den Dächern sind Scharfschützen und Beobachter stationiert. Laut Observationsteam befindet sich Tom derzeit im Haus. Aber wir können nicht mit Sicherheit davon ausgehen. Letzte Nacht hat er sich offensichtlich einmal kurz aus dem Haus geschlichen, um sich mit einem Trick Zugang zu unserem Seminarraum zu verschaffen. Er weiß also genauestens Bescheid über unsere Erhebungen. Wenn er es auf eine Konfrontation mit uns anlegt und diese in seinem vertrauten Bereich durchführen will, dann haben wir schlechte Karten. Tom ist, wie wir wissen, ein ausgebildeter Scharfschütze. Er ist Sprengstoffspezialist und hat alle Ausbildungen genossen, die man in unseren Sondereinheiten durchlaufen kann. Und, Leute, er war überall immer einer der Besten. Wir werden im Anschluss die Teameinteilung vornehmen. Wir brauchen ein Team mit Sprengstoffexperten und ein Durchsuchungsteam. Eine Verhandlungsgruppe habe ich bereits angefordert. Sie wird in Kürze vor Ort eintreffen. Und noch etwas: Ich stelle es Toms Gruppe frei, sich aus dem unmittelbaren Zugriffsteam auszugliedern. Haggi, Hubsi, Zogi, Fred, David, Dominic und du, Charlie, ihr könnt euch in die Außensicherung einbringen. Ich vermute, ihr seid bei diesem Einsatz befangen. Und ich möchte vermeiden, dass ihr im Zweifelsfall nicht abdrückt."

Die sieben Genannten gruppierten sich in einer Ecke des Raumes. Haggi, der Älteste, kam nach einer Minute Absprache zu Hessmann. „Wir werden die anderen Teams beraten und uns im Hintergrund halten. Wir kennen Tom besser als sie. Ich glaube nicht, dass er noch im Haus ist, nachdem er von den Erhebungen gegen seine Person erfahren hat. Aber passt auf, wenn ihr dort hineingeht. Bei unseren Rollenspielen war Tom immer der Erste, der Sprengfallen aufgestellt hat. Und die waren raffiniert!"

Hessmann nickte. „Danke, Haggi, ich weiß das zu schätzen. Und wir werden uns Zeit lassen. Es sind genug alte Hasen in den anderen Gruppen."

Haggi nickte und gesellte sich zu seiner Gruppe.

* * *

Die Straßenzüge rund um Toms Haus waren nach dem Eintreffen aller Teams großflächig gesperrt worden. Überall standen die üblichen Neugierigen, die die Arbeit der Polizei erschwerten. Sie verstanden nicht, wie gefährlich ein solcher Einsatz werden konnte.

Das Verhandlungsteam versuchte bereits seit zehn Minuten, mittels Megaphon und Telefon Kontakt zu Tom aufzunehmen. Beigel stand mit seinen Leuten im Bereitstellungsraum und lauschte dem Funkverkehr.

Maik stand neben seinem Chef. „Mir ist nicht wohl bei der Sache. Hoffentlich machen die keinen Fehler. Hessmann hat uns schon damals nicht geglaubt. Und ich kenne Tom. Ich habe ein ungutes Gefühl. Gott sei Dank hält sich Toms Gruppe im Hintergrund. Haggi und sein Team wissen warum."

Beigel nickte. „Ich weiß, was du denkst, Maik, und ich glaube, du hast recht! Ich gehe mal hinüber zu diesem Team und spreche mit ihnen."

„Mach das, Chef. Und he, das hier hast du gestern im Seminarraum vergessen!" Er händigte Beigel sein altes Handy aus.

Beigel nahm es mit einem Dank an sich. Er hatte sein zweites Handy bereits gesucht. Als er im Gehen die eingegangenen SMS überflog, stockte ihm der Atem. „Maik, warte mal!" Er zeigte Maik das Display.

„Bleibt weg von meinem Haus. My home is my castle. Ich möchte nicht, dass jemandem Schaden zugefügt wird. Bleibt einfach weg und lasst mich in Ruhe! Tom."

„Scheiße! Sag das sofort Hessmann!"

* * *

Von den Beobachtungsposten war keine neue Sichtung gekommen. Toms Haus lag verlassen und einsam da. Zwischenzeitlich war es bereits kurz nach Mittag.

Hessmann gab über Funk das Okay für das erste Durchsuchungsteam. Unter dem Schutz der Scharfschützen und hinter einem fahrbaren ballistischen Schild näherte sich ein Fünferteam dem Haupteingang. Der erste Mann führte eine kleine Kamera unter der Tür ein und beobachtete auf einem Bildschirm die übertragenen Daten. Er nahm sich alle Zeit der Welt. Hessmanns Worte klangen noch in seinen Ohren. Erst nach seinem Okay stießen zwei Leute aus der Gruppe mit einer Ramme die Tür auf. Wieder versuchten sie mit Zurufen, Tom zum Aufgeben zu bewegen. Doch Tom antwortete nicht. Ein weiteres Team wurde angefordert. Als dieses eintraf, begannen sie, das Haus Zimmer für Zimmer zu durchsuchen. Keine Tür wurde geöffnet, ohne dass sie zuvor von einem Spezialisten genauestens inspiziert worden wäre.

Im Garten war zwischenzeitlich ein kleines Dreierteam in Richtung der Garage vorgedrungen. Man hatte drei eher neue, unerfahrene SEK-Leute zur Sicherung dieses Gebäudes abgestellt. Joe, der Jüngste dieser Gruppe, ging voran. Innerlich war er ziemlich aufgebracht, weil er nicht zur Durchsuchung eingeteilt worden war. Und das nur, weil er ein sogenannter „Frischling" war. Was sollte schon groß in der Garage zu finden sein? Toms BMW und sein Bus, wie sie im Briefing gehört hatten. Zwei Autos bewachen. So eine Scheiße! Sie hatten den Auftrag, die Garage nur abzusichern. „Wartet mit der Durchsuchung, bis die anderen da sind", hatte Hessmann gesagt. Dieser Hessmann hatte keine Ahnung. Er war ein Theoretiker ohne Praxiswissen. Überheblich zu seinen Untergebenen und nur auf seine Karriere bedacht. Und die zwei Kollegen waren Speichellecker, mit denen ließ sich nichts anfangen. Joe wollte nicht so lange warten, bis die anderen das ganze Haus abgesucht und Tom herausgeholt hatten. Er ging um die Garage herum, rüttelte am Fenster und sah, dass es verschlossen war. Nachdem er seine Runde beendet und nichts Verdächtiges entdeckt hatte, traf er wieder bei seinen verärgerten Teammitgliedern ein.

„Hessmann hat gesagt, wir sollen warten, Joe. Warum hörst du nicht darauf?"

„Ja, ja", äffte Joe. „Wollt ihr beide ewig warten? Soll ich vielleicht unseren lieben Hessmann am Funk um Erlaubnis fragen? Ich gehe jetzt da hinein und schaue nach, ob dieser Tom mit einem seiner Autos abgehauen ist!" Mit diesen Worten drehte er sich um und zog die Garagentür mit einem Ruck auf.

Die erste Detonation zerriss in Sekundenbruchteilen nicht nur die gesamte Garage und die drei unglückseligen SEK-Männer, sondern beschädigte auch große Teile des Wohnhauses. Die Durchsuchungsteams wurden von der gewaltigen Druckwelle zu Boden geschleudert und die zwei Sicherungsbeamten vor dem Haupteingang erlitten durch herumfliegende beschleunigte Teile der Garage schwerste Verletzungen. Nach einem kurzen Moment gab es weitere Explosionen, da die zweite Sprengfalle durch die Erschütterung in der geschützten Zementgrube ebenfalls umgesetzt hatte. Wegen der in der Garage gelagerten Benzin- und Dieselkanister begann es zu brennen.

Im Bereitstellungsraum, in dem sich auch die Einsatzleitung mit Hessmann befand, brach das Chaos aus. Die Druckwelle hatte alle Beobachter, die Scharfschützen, die Sicherungsbeamten, die Durchsuchungsteams und die Verhandlungsteams völlig überrascht. Am Funkkanal ging gar nichts mehr. Jeder wollte sogleich seine Meldungen absetzen. Jemand schrie nach den Rettungsteams und die Durchsuchungsteams rannten ins Freie. Die Umgebung der Garage, von der nichts als ein Krater übrig geblieben war, brannte lichterloh. Das Feuer hatte inzwischen Teile des Wohnhauses erreicht. Die Feuerwehr wurde von SEK-Beamten davon abgehalten, zum Brandort zu fahren, da noch nicht klar war, ob weitere Explosionen zu erwarten waren.

Maik und Beigel waren ebenso überrascht worden. Maik hatte gerade mit Haggi und den anderen über Tom gesprochen. Und Beigel war wegen der von Tom gesendeten SMS mit dem Handy zu Hessmann in den Einsatzraum gegangen. Maik hatte gerade seine Befürchtungen wegen möglicher Sprengfallen angebracht, als die Druckwelle gegen das Haus geprallt war, in dem sie sich befanden. Beigel stand zu diesem Zeitpunkt neben Hessmann.

„Was war denn das?", entfuhr es ihm.

„Eine Explosion!"

„Oh Gott!" Hessmann lief zum nunmehr glaslosen Fenster. Er schaute auf eine rauchende Kraterlandschaft und auf seine am Boden liegenden Leute. Was war da nur schiefgelaufen?

Beigel zeigte ihm die SMS. „Scheiße, so eine Scheiße!", schrie Hessmann.

Langsam wurde der Funkverkehr wieder durchschaubarer. Einige der Alten hatten das Funken übernommen und die Panik nahm ab. Die Einsatzleitung bekam Meldungen über die Anzahl der Toten und Verletzten. Die Sanitäter hatten alle Hände voll zu tun.

„Tom war nicht mehr im Haus, die Explosion kam von der Garage!" Mit diesen Worten trat der Teamleiter des Durchsuchungsteams, Matthias, in die Einsatzleitung. Er blutete an der linken Schläfe und sein Gesicht war rußverschmiert. „Was ist dort bei der Garage passiert? Die drei hatten den Auftrag, auf das Spezialistenteam zu warten!" Man konnte sehen, dass der Mann vor Wut kochte. Er hatte geahnt, dass so etwas passieren könnte. Alles war perfekt gelaufen, bis offensichtlich diese drei Jungschwänze einen Fehler gemacht hatten – den letzten Fehler ihres Lebens.

Hessmann versuchte ihn zu beruhigen und fragte: „Wie schaut es da draußen aus?"

Matthias schnaubte: „Mindestens drei Tote, die Jungen, soweit ich das mitbekommen habe. Im Haus drüben mindestens drei Leichtverletzte, die zwei Sicherer vor dem Haus offensichtlich schwer verletzt. Ein Präzisionsschütze auf dem Dach hat einen Splitter im Hals. Und man wird sehen, ob es auch Schaulustige erwischt hat. Wie geht es jetzt weiter?" Die Frage galt Hessmann.

„Wir geben eine Fahndung nach Tom heraus. Im Fernsehen, im Rundfunk und über die Medien. Wir müssen unbedingt darauf hinweisen, wie gefährlich er ist. Das Gelände bleibt gesperrt, bis wir die Sicherheit haben, dass nichts mehr explodieren kann. Die Tatortbeamten sollen äußerst vorsichtig sein."

„Ich glaube nicht, dass man das noch erwähnen muss!" Beigel hatte sich bisher noch nicht zu Wort gemeldet. „Kann ich mir mit meinen Kollegen Toms Spind anschauen?"

„Ja, natürlich!" Hessmann war plötzlich für jede Unterstützung dankbar. Er wusste, dass er in den nun folgenden

Tagen und Wochen Unmengen von Fragen zu beantworten haben würde. In diesem Fall waren nicht nur die Opfer, sondern auch der Täter seiner Truppe zuzuschreiben. Er schnappte sich Matthias und besah sich den Tatort aus der Nähe. Als sie beim Haus eintrafen, brannte es bereits lichterloh und die Rettungssanitäter versorgten die Verletzten. Am Ende der Absperrung lagen drei Leichensäcke mit den sterblichen Überresten von Joe und seinen beiden Teammitgliedern. Drei seiner eigenen Leute! Übelkeit stieg Hessmann in den Hals.

* * *

Tom hatte zu dieser Zeit längst seine Hütte in den bayerischen Bergen erreicht. Noch im Zug hatte er an seinem Äußeren gearbeitet. Er hatte sich umgezogen und sich einen falschen Schnurrbart angeklebt. Bekleidet mit einer Art Wanderausrüstung und einem typisch bayerischen Hut war er mit einem lokalen Bus über Kreuth bis nach Bayerwald gefahren. Nach einem Frühstück in einer Bäckerei hatte er noch einiges an frischem Proviant besorgt. Die letzten Kilometer bis zur Hütte hatte er zu Fuß auf Waldwegen zurückgelegt. Diese lag nun friedlich im Schein der Morgensonne. Hier oben war es relativ frisch, aber Tom hatte alles, was er benötigen würde, in seiner Hütte gehortet. Er sperrte das schwere Vorhängeschloss auf, entfernte vorsichtig seine Alarmvorrichtung und betrat den Vorraum. Es roch etwas muffig. Tom riss alle Fenster auf, nachdem er die hölzernen Beschläge geöffnet hatte. Sofort drang frische Bergluft in die Hütte. Mit einer zerknüllten Zeitung entfachte er im alten Ofen ein Feuer, das er zuerst mit kleinen dünnen Spänen und dann mit trockenen größeren Scheiten zum Lodern brachte. Er stellte eine eiserne Kanne mit Wasser auf, um sich einen Kaffee zu machen. Kurz darauf gab er Kaffeepulver in eine große Tasse und goss das brodelnde Wasser hinein. Mit einem Stück Schwarzbrot und etwas Hartwurst setzte er sich auf die Bank neben der Hütte und nahm sein Radio mit Weltempfänger in Betrieb. Obwohl es schon in die Jahre gekommen war, leistete es ihm immer noch gute Dienste. Er glaubte nicht, dass es lange dauern würde, bis man sich daran machte, ihn in seinem Haus zu besuchen. Aber es konnte ein wenig dauern, bis sie feststellten, dass der Vogel bereits ausgeflogen war. Hoffentlich würden sie seine SMS beachten.

Wie lange es dauern und ob überhaupt jemand auf die Idee kommen würde, dass er hier oben Zuflucht gesucht hatte, würde sich zeigen. Zufrieden mit seiner vorerst gelungenen Flucht lehnte er sich entspannt zurück und genoss die Aussicht und die Ruhe.

Etwa eine Stunde später machte er sich daran, seine Vorräte und den Fluchttunnel zu inspizieren. Er hatte Proviant für ungefähr vier Wochen und im Tunnel unterhalb der Hütte gab es eine Quellfassung. Eine weitere Flucht ins Ausland wollte er zu diesem Zeitpunkt noch nicht in Betracht ziehen, aber auch das benachbarte Tirol war für einen durchtrainierten Mann wie ihn zu Fuß in einer Nacht erreichbar. Als er seine Inspektion abgeschlossen hatte, hörte er die neuesten Meldungen im Radio.

Und da war es!

„Mindestens drei SEK-Männer bei Zugriff auf das Haus eines Kollegen in München getötet. Enormer Sachschaden durch gewaltige Explosion und mehrere Verletzte. Handelt es sich bei dem gesuchten Kollegen um den schon lange gesuchten Killer, der die Justiz in die eigenen Hände genommen hat? Ist es auch der Mann, der die beiden Münchner Politikersöhne nach ihrem Mord an dem Obdachlosen so fürchterlich zugerichtet hat? Der Gesuchte ist derzeit flüchtig."

Es folgte eine Personenbeschreibung.

Tom dachte nach. Drei tote SEK-Männer! Er hoffte, dass es sich dabei nicht um seine engsten Freunde handelte. Aber so dämlich würden sie doch nicht sein! Bei den Rollenspielen im Training hatte er als Täter derartige Sprengfallen immer wieder eingebaut. Seine Leute kannten ihn doch! Wahrscheinlicher war ein versehentliches Auslösen durch einen jungen, unerfahrenen Kollegen die Ursache für dieses Desaster. Tom taten die toten Kollegen leid. Aber er hatte keine Wahl gehabt. Hätten seine Kollegen seine Waffen und all die gesammelten Berichte in seinem Versteck gefunden, wäre er für alle Taten zur Verantwortung gezogen worden. Ihn schauderte.

* * *

Beigel und Maik fuhren mit Haggi, dem ältesten von Toms Kollegen, zur Unterkunft der SEK-Leute. Mit einem Seitenschneider brachen sie Toms Spinde auf. Auf den ersten Blick konnte Beigel nichts Ungewöhnliches feststellen. Zu dritt räumten sie den gesamten Inhalt aus und stellten alles auf zwei Tische. Als die Kästen leer waren, begann Maik damit, die Fotos an den Schrankinnenseiten zu begutachten. Fast alle zeigten Tom mit Kollegen an den verschiedensten Orten. Wettkämpfe, Einsatzfotos und Feiern. Maik löste sie vorsichtig ab und legte sie in ein mitgebrachtes durchsichtiges Plastikkuvert.

„Wie schaut es mit den Waffen aus? Wo habt ihr die gelagert?"

„Wir haben einen Waffenraum im Hauptgebäude. Dort hat jeder von uns seine Lang- und Kurzwaffen gelagert, wenn er gerade nicht im Dienst ist."

„Hatte Tom auch private Waffen?"

„Mit Sicherheit. Tom hat an Wettbewerben teilgenommen und ich habe bei Ausbildungen auch schon mit einigen seiner privaten Lang- und Faustfeuerwaffen schießen dürfen", gab Haggi zurück.

„Wie schaut es mit Sprengstoff und Handgranaten aus?"

Haggi schaute ihn fragend an. „Wie meinst du das, Maik?"

„Habt ihr innerhalb eurer Einheit auch Zugriff auf Sprengstoff und Handgranaten?"

„Nicht wirklich alle, aber Tom hatte mit Sicherheit Zugriff auf jegliche Art von Sprengstoff und Zündern. Er ist Einsatzsprenger und verfügt auch über zivile Sprengbefugnisse. Handgranaten kannst du dir heute überall aus Restbeständen des Jugoslawien-Krieges von Serben oder Kroaten auf dem Schwarzmarkt kaufen, wenn du das meinst."

Damit hatte Maik gerechnet. Er war schon gespannt auf die Ergebnisse der Erstuntersuchungen von Toms Haus und der Garage. Die Wucht der ersten Explosion war mit Sicherheit von einer größeren Menge Sprengstoff ausgegangen. Die zweite hatte nicht so laut geklungen, aber Maik wusste, wie Handgranaten umsetzten. Momentan konnten sie mit Toms persönlichen Sachen nichts anfangen, aber sie nahmen alles für eine spätere Sichtung mit.

„Ich würde gern mit Toms Freundin sprechen, haben wir eine Adresse?" Beigel war Maik beim Denken schon wieder ein wenig voraus.

„Ja, haben wir. Aber um diese Zeit arbeitet sie vermutlich. Sie jobbt in einer kleinen Bar, gar nicht so weit weg von hier. Fahren wir gleich hin?"

„Ja, lass uns das tun. Leg Toms Sachen einfach in den Kofferraum."

* * *

Als sie vor der Bar eintrafen, bediente Mariella gerade einige Studenten, die an den Tischen im Freien saßen. Maik fand, dass sie noch besser aussah als auf den Fotos. Sie setzten sich ins Innere der Bar und bestellten zweimal Cappuccino. Als Mariella an ihrem Tisch vorbeikam, zückte Beigel seinen Dienstausweis und bat sie, sich kurz zu setzen.

„Habe ich etwas angestellt?" Sie lächelte die beiden Beamten an.

„Nein, es geht um Ihren Freund Tom."

„Mein Gott, ist ihm etwas passiert?", fragte sie und nahm Platz. Sie hatte sich schon große Sorgen gemacht, da er gestern und heute nicht auf ihre Anrufe reagiert hatte, was untypisch für Tom war.

„Nein, ich fürchte, wir müssen etwas klarstellen. Tom war nicht nur der liebe Mensch, den Sie kennengelernt haben. Er hat auch eine andere, eine böse Seite, über die wir gern mit Ihnen sprechen würden. Glauben Sie, Ihre Kollegen können Sie für einige Zeit entbehren?"

Mariella war sprachlos. Wovon redete dieser Polizist? Doch nicht von ihrem Tom! Hoffentlich wussten sie nichts über ihre Schwester. „Ja, ich glaube, das wird sich machen lassen." Mariella stand auf und sprach kurz mit dem Mann hinter dem Tresen, offensichtlich ihr Chef. Der nickte verständnisvoll und sie kam zum Tisch zurück.

„Ich glaube, wir sollten von vorn anfangen", sagte Beigel. Und dann erzählte er Mariella die ganze Geschichte vom Beginn seiner Erhebungen bis zum aktuellen Stand.

Während seiner Ausführungen wurde sie immer blasser. Ohne zu fragen nahm sie Maiks Wasserglas und trank es leer. Ihre Hände zitterten, als sie das Glas zurückstellte. „Sie müssen entschuldigen, aber das ist zu viel für mich. Ich habe mit Tom zum ersten Mal einen Mann kennengelernt, der all das verkörperte, was ich mir jemals gewünscht habe. Ich kenne ihn als den liebevollsten, nettesten und hübschesten Kerl auf diesem Planeten, und ihr wollt mir weismachen, dass er ein Mehrfachmörder, ein Psychopath ist! Was wollt ihr von mir? Dass ich ihn suche und ihn ausliefere? Mein Gott, wo ist er denn bloß?"

„Das wollten wir eigentlich Sie fragen!" Beigel blickte Mariella erwartungsvoll an.

„Ich habe seit vorgestern nicht mit ihm gesprochen. Sein Handy ist nicht erreichbar. Er war doch hoffentlich nicht in seinem Haus, als es explodiert ist?"

„Es war die Garage, die in die Luft geflogen ist. Und sein Haus ist kurz darauf zur Gänze abgebrannt", konterte Beigel. Aber es sieht so aus, als hätte er sich zum Zeitpunkt der Explosion nicht in einem der beiden Gebäude befunden.

„Ich habe keine Ahnung, wo er sich aufhalten könnte", sagte Mariella. Meines Wissens hat er keine nahen Angehörigen mehr. Er ist sehr sportlich, hat aber die meisten Freizeitaktivitäten zusammen mit seinen Kollegen vom SEK gemacht. Sie können ja dort mal nachfragen."

„Das werden wir mit Sicherheit tun, Mariella. Es tut mir leid, dass ich Ihnen diese Nachricht überbringen musste, aber es sind mittlerweile bereits zu viele Menschen ums Leben gekommen und wir müssen Ihren Tom finden, bevor noch weiteres Unheil geschieht. Wenn Ihnen noch irgendetwas einfällt, das uns helfen könnte, rufen Sie mich bitte jederzeit an." Mit diesen Worten übergab Beigel Mariella seine Visitenkarte. Beigel und Maik bezahlten für ihre Bestellung und ließen eine völlig aufgelöste Frau zurück.

* * *

Die alteingesessene Gruppe um Haggi hatte sich mit Walter in einer Unterkunft zusammengefunden. Hubsi, Fred, Zogi, Dominic und Charlie saßen auf den roh gezimmerten Bänken und dachten nach. Der Tod der drei Jungen hatte sie mitgenommen. Schon vor dem Einsatz hatten sie Hessmann gewarnt. Sie wussten, was Tom alles draufhatte. Am Anfang hatten sie noch die Möglichkeit in Betracht gezogen, das alles sei ein fataler Irrtum. Als aber die Indizien auf dem Tisch lagen und sie sich damit hatten abfinden müssen, hatten sie immer und immer wieder mit den eingesetzten Kollegen gesprochen und sie vor möglichen Sprengfallen gewarnt. Aber Hessmann hatte nicht zugehört. Wie immer. Dass er ihnen freigestellt hatte, sich im Hintergrund zu halten, war in Ordnung gewesen. Bei derartigen Fällen konnte man eine gewisse Befangenheit nicht ausschließen. Aber bei der anstehenden Suche nach Tom würden sie sich mit ihrer ganzen Kraft und all ihrem Insiderwissen beteiligen.

Walter schaute in die Runde und begann das Gespräch: „Gehen wir also einmal davon aus, dass sich Tom in der Nacht, in der er im Präsidium von der Observation gegen seine Person erfahren hat, davongemacht hat. Das war gegen einundzwanzig Uhr. Dann ist er nach Hause gefahren. Das wissen wir, weil ihn das Observationsteam gegen dreiundzwanzig Uhr noch am Fenster gesehen hat. Ich glaube, dass er erst später die Garage versaut hat. Vermutlich um Spuren zu verwischen. Vielleicht hatte er etwas in seinen Autos oder es gab dort ein Versteck. Er hatte also ungefähr sechs Stunden, bis die Außensicherung stand, und kann bereits in Österreich, Italien oder sonst wo sein. Ich glaube nicht, dass er ein Flugzeug genommen hat. Das ließe sich überprüfen. Aber von Autostoppen bis hin zur Zug- oder Busfahrt ist alles möglich. Tom hat vermutlich weder seine EC-Karte noch andere Dinge verwendet, die uns auf seine Spur bringen könnten. Ich glaube auch, dass er nicht telefonieren wird. Hat er in letzter Zeit mit irgendjemandem von euch über etwas Bestimmtes gesprochen?"

Keiner der anwesenden Kollegen konnte sich dazu äußern.

„Wohin würdet ihr denn gehen?", brach Haggi das Schweigen.

„Am wahrscheinlichsten über Österreich nach Italien", meinte Zogi. „Von dort aus kannst du mit einem Containerschiff in die ganze Welt reisen."

„Das glaube ich nicht", überlegte Walter. „Tom liebt seine Heimat. Er wird sich irgendwo zurückziehen und abwarten, bis Gras über die Sache gewachsen ist. Der ist noch immer im Land, glaubt mir. Was ist eigentlich mit seiner neuen Freundin? Hat irgendeiner von euch eine Ahnung, wer sie ist oder wo sie wohnt? Vielleicht kann sie uns helfen."

„Ja, ich!" Haggi hatte Tom neulich, als sein BMW wieder einmal nicht angesprungen war, zu seiner Freundin in die Bar und dann beide nach Hause gebracht. Bei einem Bier hatte er Mariella kurz kennengelernt. Eine tolle Frau mit einem geilen Körperbau, wie er seinen Kumpels am nächsten Tag vorgeschwärmt hatte.

„Und, Haggi, wo ist die Bar?", fragte Walter.

„Ich bringe euch hin, es ist sowieso Feierabend", gab Haggi zurück.

Minuten später erreichten sie in Haggis altem Renault Grand Espace die Bar, in der Mariella arbeitete. Es war ein Wunder, dass diese alte Rostkiste noch immer lief. Als Besonderheit hatte das Auto eine mobile Toilette. Dazu hatte Haggi einen Trichter mit einem Schlauch an einen Haken gehängt, den er einfach durch das Dach geschraubt hatte. Der Schlauch führte durch ein Loch im Boden ins Freie. „So müssen wir nicht einmal stehen bleiben, wenn es eng wird", hatte er lachend erklärt, als er seinen Kollegen die Erfindung das erste Mal vorgeführt hatte.

Gemeinsam betraten sie die Bar.

Als Mariella die Hereinkommenden erblickte und Haggi erkannte, wusste sie, wer die anderen waren. Sie lief auf Haggi zu, fiel ihm um den Hals und weinte. „Bitte sag mir, dass das alles nicht wahr ist! Habt ihr ihn schon gefunden?"

„Nein. Und deshalb sind wir hier, Mariella. Hast du kurz für uns Zeit? Das hier", er zeigte auf seine Begleiter, „ist Toms Gruppe. Wir wollen Tom unbedingt vor den anderen finden." Haggi stellte ihr die Teammitglieder einzeln vor.

Mariella gewann ihre Fassung zurück und sagte: „Seit dieser Beigel hier war und mir alles erzählt hat, habe ich darüber nachgedacht, was Tom in einem solchen Fall tun würde."

„Was, Beigel war schon hier? Was hast du ihm gesagt?", fragte Walter.

„Nichts, aber mir ist etwas eingefallen, das euch vielleicht weiterhelfen könnte. Tom hat mir gegenüber einmal von einer kleinen Jagdhütte in der Nähe des Tegernsees gesprochen. Er wollte demnächst für ein Wochenende mit mir dorthin fahren. Aber daraus wird wohl nichts mehr werden."

Walter blickte auf. „Ich hab mal in Toms Spind ein Foto von dieser Hütte gesehen. Sie ist direkt unter einen Überhang gebaut. Es kann nicht so schwer sein, sie zu finden. So viele derartig auffällige Hütten gibt es sicher nicht. Wer kümmert sich gleich darum?"

„Das mache ich, Walter", antwortete Zogi. „Ich habe meinen Laptop im Auto!"

„Wenn er mit der alten Kiste zwischenzeitlich nicht schon abgebrannt ist", lachte Hubsi.

Aber Zogi war schon aufgestanden und hatte sich auf den Weg zum Auto gemacht.

„Was werdet ihr tun, wenn ihr ihn findet?" Mariella sah Walter an. „Kann ich euch bei der Suche helfen? Ich glaube, mit mir würde er reden."

„Das wird er auch mit uns tun, Mädchen. Ich halte es für keine gute Idee, wenn du dabei bist. Was sagt ihr, Jungs?" Walter schaute fragend in die Runde. Als keine Antwort kam, fuhr er fort: „Wir werden es dir sagen, wenn wir ihn gefunden haben. Hast du ein Auto?"

„Nein, aber ein altes Motorrad."

„Gut, dann schauen wir mal. Toms Hütte ist ja nur eine Möglichkeit von vielen. Erst in drei Tagen haben wir wieder Dienst", sagte Walter.

Hessmann hatte Toms Truppe drei Tage frei gegeben, damit sie Zeit hatten, die Vorfälle zu verarbeiten. Und die würden sie, verdammt noch mal, nutzen. Noch während sie weiter mit Mariella sprachen, kam Zogi aufgeregt hereingeplatzt.

„Ich hab sie! Ich habe mit einem Forstarbeiter gesprochen. Der kennt die Hütte. Sie liegt in der Nähe von Bayerwald im Buchsteingebiet. Ich habe die GPS-Daten. Haggi, schafft dein Auto diesen Weg?"

Beleidigt schaute der Angesprochene auf. „Willst du mich verarschen, du Depp? Natürlich schafft mein Auto das! Aber sollten wir nicht einige Waffen mitnehmen?"

„Nein!" Walter stand auf und schaute in die Runde. „Wenn wir Tom finden, dann wird er mit uns reden, aber ganz sicher nicht, wenn wir dort mit Waffen auftauchen. Wir fahren jetzt gleich! Wie lange werden wir etwa brauchen?"

Noch bevor Haggi antworten konnte, kam auch schon die Antwort von Fred: „Etwa fünf Stunden – eine Stunde normale Fahrzeit und vier Stunden Werkstatt."

Die Kollegen lachten und selbst Walter konnte sich ein Grinsen nicht verkneifen. Nach einem schmerzhaften Schlag in Freds Rippen und Haggis üblicher Antwort auf Scherze sein heißgeliebtes Auto betreffend, ließen sie Mariella zurück und zwängten sich wiederum in den Renault.

Während der Fahrt schliefen Walter und Fred. Die anderen grübelten über das Verhalten ihres so geschätzten Kollegen nach. Natürlich verstanden sie einige Taten, die Tom begangen hatte. Wie oft kam es vor, dass man bei einer Verhaftung eines schweren Straftäters – besonders dann, wenn im Vorfeld sexuelle Gewalt gegen Kinder im Spiel gewesen war – gewisse Rachegelüste entwickelte. Aber dass Tom sein Doppelleben so gut vor ihnen verborgen gehalten hatte, verblüffte sie. Als sie endlich in Bayerwald ankamen, trafen sie den Forstarbeiter Peter, den Zogi organisiert hatte. Er würde sie bis zum Ende des Weges nahe der Hütte bringen. Peter hatte zwischenzeitlich herausgefunden, dass die Hütte einem gewissen Tom Weihmann gehörte. Sie waren also auf der richtigen Spur!

„Wie lange geht man denn vom Ende des Weges bis zur Hütte?", fragte Haggi.

„Nur etwa zehn Minuten. Aber ich habe schon lange niemanden mehr dort oben gesehen", gab der Forstarbeiter zurück.

„Er kann, wenn er denn überhaupt da ist, auch noch nicht lange dort oben sein", sagte Zogi.

Fred zog bereits den Rucksack aus dem Wagen. „Worauf warten wir noch? Ich will endlich wissen, ob Tom dort oben ist. Ihr nicht?" Mit diesen Worten ging er auf den alten Militärwagen zu, den der Forstarbeiter auf dem Parkplatz abgestellt hatte. Während Fred auf dem Beifahrersitz Platz nahm, kletterten die anderen sechs über die Seitenwände auf die Ladefläche. Es war nicht sehr bequem, aber besser als zu marschieren.

Peter lenkte das Ungetüm auf einen Schotterweg und fuhr in halsbrecherischem Tempo an steilen Abhängen entlang bergwärts. Nach endlosen Kehren und einigen riskanten Lenkmanövern parkte Peter das Fahrzeug auf einem kleinen Parkplatz. „So, von hier aus geht es nur zu Fuß weiter. Die Hütte liegt dort oben", er zeigte nach rechts, „unterhalb des Überhanges, den ihr von hier aus sehen könnt."

Fred nahm sein Fernglas aus dem Rucksack und stellte es scharf.

* * *

Zur gleichen Zeit grübelten Beigel, Maik und einige andere Kollegen über das weitere Vorgehen nach. Bis jetzt hatten sie noch keine Spur, die sie näher zu Tom brachte. Die Medien hatten Toms Foto veröffentlicht, aber außer einigen bereits überprüften Fehlmeldungen hatte sich nichts ergeben. Das SEK stand Gewehr bei Fuß und wartete auf einen Einsatzbefehl. Toms Freundin war eine Fehlanzeige gewesen. Die Gegenstände in seinem Spind hatten sie auch nicht weitergebracht und lagen vor ihnen auf dem Tisch. Maik blätterte gerade zum wiederholten Male durch Toms Fotos. Toms

Haus war immer noch großflächig abgesperrt. Sprengstoffexperten arbeiteten seit Stunden das gesamte Grundstück vorsichtig ab, um den Tatortspezialisten eine gefahrlose Arbeit zu ermöglichen. Bis zuverlässige Daten vorlagen, konnte es noch einige Tage dauern.

Plötzlich sah Beigel, dass Maik ein Foto genauer betrachtete, es umdrehte und dann wieder auf den Tisch legte. Maik wandte sich vom Tisch ab und ging in den Computerraum, der direkt neben dem Seminarraum lag. „Chef, komm mal rüber!", rief er.

Beigel stand auf und folgte Maik in den Nebenraum. „Ja?"

„Schau her. Kannst du dich an das Foto erinnern, das ganz oben in Toms Spind hing?"

„Ja, kann ich, das mit der Hütte unter einem Überhang?"

„Genau diese Hütte meine ich. Ich glaube sie zu kennen! Ich war früher in den Ferien oft mit meinen Eltern in Bayerwald, das ist eine kleine Ortschaft im Buchsteingebiet. Dort war auch so eine Hütte. Ich habe sie damals sogar fotografiert. Auf dem Foto, das in seinem Spind hing, posiert Tom genau vor dieser Hütte und die Tür steht offen. Was ist, wenn Tom zu dieser Hütte einen Bezug hat? Das wäre der ideale Ort, um sich zurückzuziehen."

„Maik, du bist ein Genie! Rufen wir Hessmann und seine Männer an?"

„Nun ja, Chef, wenn er dort ist, wäre das keine schlechte Idee. Sie sollen vorerst aber verdeckt aufklären. Ich regle das!"

„Danke, Maik", sagte Beigel. „Wenn er dort ist, schulde ich dir ein Bier. Was ist eigentlich mit dem Team bei Albert?"

„Das lassen wir bestehen", antwortete Maik. „Wenn Tom etwas von dieser Entlassung erfahren hat, dann ist Albert noch in Gefahr."

* * *

Tom hatte eines seiner besten Gewehre auseinandergebaut. Fein säuberlich lagen der bereits gereinigte Lauf und der Verschluss, der Schalldämpfer sowie das Magazin nebeneinander. Die anderen Teile hatte Tom noch vor sich. Als er gerade das Glas der Optik polierte, hörte er ein Fahrzeug den Berg heraufkommen. In Windeseile baute er das Gewehr zusammen, verschraubte die Optik und nahm sich einige Magazine aus einem Schrank, welche er in die seitlichen Hosentaschen steckte. Aus einem Kasten neben der Eingangstür entnahm er einen sogenannten Gillisuit, einen Scharfschützentarnanzug, den er sich vorsichtig überstreifte. Dann zog er sich Handschuhe an und wechselte seine Turnschuhe gegen sandfarbene Stiefel. Einen fertig gepackten, immer bereit stehenden Rucksack hängte er sich locker über die Schulter. Nachdem er sich vergewissert hatte, dass sich noch niemand in der Nähe der Hütte aufhielt, schloss er die Eingangstür und glitt in einen stark bewachsenen Felsspalt oberhalb der Hütte.

Er hatte sich gerade in eine perfekte liegende Beobachterposition gebracht, als er eine Gruppe von Männern sah, die langsam den Weg zu seiner Hütte heraufkamen. Tom zog ein Tarnnetz über sein Gewehr und blickte durch das Objektiv. Was er dann sah, ließ seinen Puls in die Höhe schnellen. Da kam doch gerade sein gesamtes Team den Hang herauf. Er konnte die muskulösen Körper von Fred und Walter ausmachen. Dicht dahinter liefen Haggi, Zogi, Hubsi, Dominic und Charlie. Was wollten die denn hier? Tom konnte bei keinem von ihnen auch nur die Spur einer Bewaffnung ausmachen. Verdammt, wie waren die bloß auf seine Hütte gekommen? Und so schnell! Die Gedanken wirbelten in Toms Kopf. Zwischenzeitlich waren die Männer an der Hütte angekommen. Walter warf einen Blick in das seitliche Fenster, während die anderen die Umgebung absuchten. Tom lag etwa dreißig Meter oberhalb der Gruppe in seiner Position und wartete ab. Dann hörte er die vertraute Stimme von Walter:

„Tom, bist du hier? Wir wollen mit dir reden. Wir sind doch Freunde. Das hier ist nicht dienstlich, wir haben keine Waffen. Solltest du uns hören, dann sag etwas, bitte!"

Tom überlegte. Er hatte hier oben die perfekte Position. Auch wenn es eine Falle sein sollte, was er seinen Kollegen aber nicht zutraute, konnte er leicht den Überblick behalten. Nach einem letzten Blick in die Runde entschloss er sich zu handeln. „Walter, ich bin hier oben!", rief er laut nach unten. „Setzt euch alle auf die Bank vor der Hütte, dann können wir in Ruhe reden."

Beim plötzlichen Klang von Toms Stimme zuckten die Männer wie vom Blitz getroffen zusammen. Obwohl sie gut geschulte Spezialisten waren, konnten sie Toms Position nicht ausmachen. Walter gab ihnen ein Zeichen und sie nahmen Platz auf der Bank.

Als Tom erneut durch sein Objektiv die Lage gecheckt hatte, begann er zu sprechen. „Hallo Leute! Habe nicht gedacht, dass es so schnell gehen würde, bis ihr mich findet. Es tut gut, euch hier zu sehen, auch wenn der Anlass beschissen ist. Bevor ihr anfangt, möchte ich mich zuerst für die Sache bei meinem Haus entschuldigen. Ich wollte niemanden von euch gefährden, aber ich musste meine Spuren verwischen, versteht ihr das?"

Walter ergriff das Wort. „Tom, wir wissen noch nicht, was wir von der ganzen Sache halten sollen, aber wir wollen vor den anderen mit dir reden. Es wird nicht allzu lange dauern, bis sie dich hier aufstöbern. Du hast immer noch die Möglichkeit, dich zu stellen."

„Du machst Scherze, Walter! Glaubt ihr im Ernst, dass ich mein Leben in einem Gefängnis beenden werde? Wie ein Krimineller eingesperrt auf ein paar Quadratmetern. Es ist gut, dass ich hier und heute die Möglichkeit habe, euch alle noch einmal zu sehen. Die Zeit, die ich mit euch verbracht habe, war mit Sicherheit die beste meines Lebens. Ich danke euch dafür. Aber ich bitte euch: Bleibt bei dem Zugriff, den sie irgendwann auf mich starten werden, weg von der ersten Linie. Es würde mir wehtun, einen von euch verletzen zu müssen."

Toms Stimme war ungewohnt erregt. So kannten seine Kollegen ihn gar nicht. In diesem Moment wurde es Walter klar, dass Tom sich hierher zurückgezogen hatte, um die Sache notfalls endgültig zu beenden.

Haggi mischte sich ein. „Tom, du solltest Mariella kontaktieren, wenn dir das möglich ist. Sie macht sich große Sorgen um dich, und ich glaube, das bist du ihr schuldig."

„Wie kommt ihr denn auf Mariella?", fragte Tom.

„He, Alter, hast du Erinnerungslücken?", fragte Haggi. „Ich habe euch doch neulich heimgebracht."

Jetzt erinnerte sich Tom. Er hatte ihr ein romantisches Wochenende auf der Hütte versprochen. Aber er hatte nur von einer Jagdhütte in der Nähe des Tegernsees gesprochen. Da hatten seine Leute wieder einmal das richtige Gespür bewiesen.

„Ist gut, Haggi, mach ich. Ich glaube, es ist besser, wenn ihr jetzt geht. Ich habe noch einiges zu erledigen und vorzubereiten, bevor die ganze Horde hier auftaucht und mich schnappen will. Und wie gesagt Männer, bleibt im Hintergrund, bitte! Ich verstehe auch, wenn ihr den anderen meine Position verraten müsst, aber gebt mir noch ein wenig Zeit."

Walter schaute noch immer angestrengt nach oben. Tom musste eine perfekte Position haben. Obwohl er die ihm so vertraute Stimme hörte, konnte er sie keiner Richtung zuordnen. Es würde an Selbstmord grenzen, wenn sie versuchen würden, Tom zu überwältigen. Schon mit entsprechender Ausrüstung wäre das ein schwieriges Unternehmen, aber ohne? „Okay, Tom", rief er. „Alles Gute, mach keinen Blödsinn und denk daran, dass schon drei junge Kollegen gestorben sind. Warum hast du das alles nur angefangen?"

„Ihr werdet das nie verstehen, dazu seid ihr alle zu sehr Polizisten! Könnt ihr euch vorstellen, wie es beispielsweise Eltern oder Angehörigen von Gewaltopfern geht, wenn die Justiz die Täter einfach freilässt und ihnen dann niemand mehr beisteht? Denkt dran, was damals mit meiner Frau und Laura passiert ist! Und genauso ging es mir bei unseren Festnahmen. Wie oft haben wir diese Gauner am nächsten Tag wieder freilassen müssen? Zu wenig Beweise, keine Fluchtgefahr, schwierig Kindheit und so weiter. Ich kann es nicht mehr hören. Und ich hatte die Mittel und die Möglichkeiten, diese Ungerechtigkeiten ein wenig ins Lot zu bringen. Die Morde, die ich begangen habe, hatten alle ihren Grund. Und die Sache mit den zwei Politikersöhnen war ein Zufall. Ich habe die Tat an dem Obdachlosen von einem einfahrenden Zug aus gesehen und bin ihnen gefolgt. Zahn um Zahn, wenn ihr versteht! Ich sehe mich nicht als Täter, sondern als Helfer in der Not. Gebt das bitte so an die Ermittler und speziell an diesen Beigel weiter. Er hatte mich schon fast. Guter Mann. Und einen schönen Gruß auch an meinen alten Kameraden Maik von der GSG9! Sagt dem alten Mann, er soll auch wegbleiben."

Walter gab seinen Kollegen einen Wink. Er hatte Tom verstanden. Einer nach dem anderen verabschiedete sich von dem für sie unsichtbaren Tom. Sie wussten, dass dies wahrscheinlich das letzte Mal sein würde, dass sie ihm begegneten. Einige verbale Freundlichkeiten wurden gewechselt und mit einem letzten Winken gingen sie zurück zum Parkplatz, wo sie Peter mit seinem Fahrzeug erwartete, um sie zurück zu Haggis Renault zu bringen.

„Was machen wir jetzt, Walter?", fragte Zogi.

„Wir fahren zurück zur Einheit und ich werde mit Hessmann sprechen. Hoffentlich hört er auf mich. Wenn er dort oben an Toms Hütte mit einem Großaufgebot ankommt, gibt es ein Blutbad. Wir werden uns in den Einsatz einbinden, was meint ihr, Leute?"

Er bekam ein Nicken aus allen Richtungen. „Wenn wir die Heimfahrt in Haggis Schüssel überstehen, bin ich auch dabei", grinste Fred.

„Arschlöcher!", äffte Haggi, und nachdem sie sich in das Auto gezwängt hatten, fuhr er mit quietschenden Reifen an.

Schon während der Fahrt rief Walter seinen Chef an.

„Hessmann", tönte es aus dem Hörer.

„Chef, wir haben Tom gefunden, er ist auf einer Hütte in der Nähe von Bayerwald."

„Was macht ihr denn dort? Schon wieder einmal so eine Aktion auf eigene Faust? Ich habe euch doch von dem Fall abgezogen. Beigel hat mich übrigens vor einer halben Stunde angerufen und mir gesagt, dass Tom in diesem Gebiet sein könnte. Ich habe schon ein Team dorthin geschickt, um die Lage zu erkunden. Habt ihr Tom gesehen?"

„Jein, Chef, nur gesprochen haben wir mit ihm. Er war hoch über uns und hatte sich versteckt. Er hat uns gewarnt. Chef, wartet mit der Erkundung, bis wir bei euch sind", warnte Walter.

„So ein Blödsinn!", schrie Hessmann ins Telefon. „Ihr Wahnsinnigen, was habt ihr euch nur dabei gedacht? Was, wenn er euch erschossen hätte?"

Walter legte einfach auf. „So ein Vollidiot! Wenn einem der Kollegen in den anderen Teams etwas passiert, dann reiß ich ihm den Schädel persönlich ab! Haggi, gib Gas, wir müssen mit ihm und Beigel reden. Aber schnell!"

Haggi holte das Letzte aus seinem Gefährt heraus. Dennoch brauchten sie über eine Stunde, bis der Renault auf dem Parkplatz vor Hessmanns Büro ausrollte. Im Hof herrschte ein reges Verladen von Ausrüstung. Mehrere Gruppen hatten sich um eine Tafel vor dem Haus versammelt, auf der sich die letzten Neuigkeiten und Luftaufnahmen des Zielobjekts befanden.

Walters Gruppe machte sich auf den Weg zu Hessmanns Büro. Die Tür stand offen und sie hörten Hessmann mit Beigel und diesem Maik sprechen. Ohne anzuklopfen traten sie ein. Hessmann schaute von einem Plan auf und wollte etwas zu Walter sagen. Aber der unterbrach ihn mit einer Bewegung seiner Hand.

Walter kochte innerlich. Seit dem Telefonat hatte er nichts mehr gesagt. Hessmanns Worte hatten ihn auf die Palme gebracht. Seine Halsschlagader war dick angeschwollen, und sogar Hessmann wusste, dass er jetzt besser vorsichtig sein sollte. Er konnte weder mit Walters Erfahrung noch mit seiner Körperkraft mithalten, und er schätzte den Mann und seine Gruppe, auch wenn die Männer manches Mal schwer zu führen waren.

„Hallo Chef. Servus Beigel!" Maik nickte er nur zu. „Bevor ihr irgendeinen schwerwiegenden Fehler macht, hört mir zu. Ich bin sicher, dass mein Team Tom besser kennt als jeder von euch. Und wenn ihr zuhört, haben wir wenigstens eine Chance, dieses Desaster in Ordnung zu bringen. Wir haben ihn gefunden und mit ihm gesprochen. Er sieht sich nicht als einen Kriminellen, sondern als Helfer in der Not, wenn wir das so stehen lassen können. Seine Morde hatte er geplant, um die Täter ihrer gerechten Strafe zuzuführen. Die Sache mit den zwei Burschen hat er uns auch gestanden. Es war Zufall, dass er sie bei dem Mord an dem Obdachlosen beobachtet hat. All seine Opfer waren Verbrecher, der Anwalt vermutlich auch, sonst hätte Tom ihn verschont. Aber glaubt mir: Wenn einer von euch meint, ihr könnt ihn da so einfach runterholen, dann kennt ihr Tom nicht. Er wird sich wehren und ist klar im Vorteil."

Beigel ergriff das Wort: „Walter, glaubst du, er wird dort oben bleiben, wo er doch weiß, dass wir kommen werden?"

„Ja, das denke ich. Die Hütte ist in einen Überhang hineingebaut. Es gibt nur einen Weg dorthin und keinerlei Deckung. Wenn wir ihn nicht einfach herausschießen, kann er dort oben ewig ausharren", gab Walter zu bedenken.

„Das denke ich auch", mischte sich Maik ein.

Hessmann sah plötzlich seine Felle davonschwimmen. Niemand beachtete ihn. Er war hier offensichtlich überflüssig. Aber er war der Boss, und das würde er nun verdammt noch mal auch deutlich machen. „So, nun ist Schluss, ich habe es satt, wegen eines Mannes so ein Theater zu machen. Wir sind doch kein Kindergartenverein, sondern das SEK! Gruppe eins und drei sollen sich auf den Weg machen und drei Scharfschützen mitnehmen. Wir verlegen in einer halben Stunde mit den Hubschraubern. Die Technik und die restlichen Leute kommen mit einem Bus nach. Ich will eine funktionierende Außensicherung. Wenn es nötig sein sollte, sollen sie Tom aus der Ferne ausknipsen. Ich kann es mir nicht leisten, noch jemanden zu verlieren. Was wird wohl der Innenminister sagen, wenn das alles in die Presse kommt?"

Alle im Raum sahen sich betreten an. Jetzt kam wieder der alte Hessmann durch. Ein Mann, dem seine Karriere über allem stand. Walter wollte etwas erwidern, aber Hessmann schickte ihn und seine Kollegen aus dem Zimmer. Maik und Beigel schlossen sich ihnen unaufgefordert an.

Beigel blieb auf dem Flur stehen und sah Walter fragend an. „Habt ihr kurz Zeit für uns?"

„Sicher", antwortete Walter, der noch immer geladen war. „Mit dir und Maik lässt sich wahrscheinlich besser reden als mit Hessmann."

Beigel führte sie in einen leer stehenden Raum und bat Walter und seine Begleiter Platz zu nehmen. „Was genau habt ihr herausgefunden?", fragte er die Gruppe. Es waren seine Ermittlungen, und Beigel konnte es sich nicht leisten, wegen Hessmann so kurz vor dem Abschluss des Falles und Toms Festnahme möglicherweise einen schwerwiegenden Fehler zu machen.

Walter gab Beigel und Maik einen Überblick über den momentanen Status Quo und richtete ihnen die gutgemeinten

Grüße von Toms aus, was die im Grunde sehr ernste Situation sogar kurzfristig aufheiterte.

„Er macht sich Sorgen um uns!", lachte Maik. Aber auch ihm war die Ernsthaftigkeit der Situation bewusst.

„Was würdest du vorschlagen, Walter?", fragte Beigel.

„Wir würden ihn zuerst mal aus der Ferne beobachten und uns über seinen Tagesablauf informieren. Wir müssen erfahren, wie er sich verpflegt und wo er sein Wasser holt. Dann könnten wir versuchen, ihm ein Handy zuzuspielen, damit wir verhandeln können – auch wenn ich nicht daran glaube, dass er darauf einsteigt. Nach meinem Gefühl hat Tom abgeschlossen. Seine Freundin Mariella könnte vielleicht noch etwas erreichen. Es kann aber auch sein, dass genau Gegenteil passiert, wenn Tom realisiert, dass er seine Zukunft nicht mit ihr verbringen kann. Wenn Hessmann tatsächlich zwei Gruppen auf ihn loslässt, wird Tom schießen. Und dann wird es eng für die Kollegen. Ich würde auf einen Einsatz mit Tränengas plädieren. Tom ist sicher gut gerüstet, aber Rauchbomben kombiniert mit Tränengas könnten einen Zugriff sicherer machen, und das für alle Beteiligten."

„Ich werde mit Hessmann reden", meinte Beigel. „Ich glaube, wenn er sich erst beruhigt hat, wird er einsehen, dass ihr bei einem solchen Zugriff die beste Wahl sein werdet."

* * *

Nachdem sein Team abgerückt war, hatte Tom noch eine Stunde in seiner Position ausgeharrt. Obwohl er nicht an eine Finte seiner Freunde glaubte, ging er doch lieber auf Nummer sicher. Es würde nicht lange dauern, bis das gesamte SEK Südbayerns antanzte. Aber hier oben konnte er es lange aushalten, und außerdem wusste ja niemand von dem Fluchttunnel! Die Frage war nur, wie er den Zugang so tarnen konnte, dass nach seiner Flucht niemand etwas davon bemerken würde. Tom öffnete die Falltür und betrachtete den engen Zugang. Ein großer Stein vielleicht? Wenn er den so platzieren würde, dass er nach seiner Flucht alles versiegeln würde, könnte er die Angreifer vor ein nicht lösbares Rätsel stellen.

Tom machte sich an die Arbeit. Zuerst baute er die Tür aus und zerhackte sie in kleine Holzscheite. Die Beschläge legte er in eine alte Kiste. Dann brachte er am Boden unter der Hütte mehrere kleine Sprengladungen an, in die er jeweils eine Zündkapsel steckte. Die Drähte verband er vorsichtig und führte dann die Leitung etwa hundert Meter in den alten Stollen unter dem Haus. Dort schloss er sie an eine Zündmaschine an. Anschließend kroch er auf dem Bauch in den Felsspalt, der sich hinter der Hütte schräg nach oben zog. Nach einigen Metern war der Spalt so eng, dass er den Platz für geeignet hielt, dort die restlichen fünf Kilo Plastiksprengstoff zu platzieren und diese mit Erdreich zu verdämmen. Auch in dieses Paket steckte er eine Sprengkapsel. Er schlich zurück in den Tunnel und verband diese Kabel ebenso mit der Zündspule.

Zufrieden betrachtete er sein Werk. Nach einigem Suchen fand er hinter der Hütte einen Stein, der ihm für sein Vorhaben geeignet erschien. Es dauerte noch einmal eine Stunde, bis er den schweren Brocken mit Hilfe eines Balkens und eines Seiles bis an den Rand des nunmehr gähnenden Loches gebracht hatte. Er legte ihn so genau hin, dass er nur mehr einen kleinen Stoß brauchen würde, um die Grube für immer zu verschließen. Schweißgebadet stand Tom da. Nun war er vorbereitet.

* * *

Die SEK-Gruppen eins und drei hatten sich von München aus in zwei Super-Puma-Helikoptern nach Bayerwald verlegen lassen. Von dort hatten sie Lastwagen der Bundeswehr bis zum Ende des Weges verlegt.

Mooshammer hatte das Kommando. Er war ein Emporkömmling und Liebling des Chefs, da er alles, was in den Teams vorfiel, direkt an Hessmann weitergab. Jetzt war seine Stunde gekommen. Er mochte das Team um Walter nicht besonders, da sich diese Gruppe immer die besten Einsätze schnappte. Joe, einer der getöteten Männer, war sein bester und zugleich einziger Freund gewesen. Und den hatte Tom, einer aus Walters Gruppe, auf dem Gewissen. Er würde nicht lange fackeln, wenn er eine Chance bekäme, ihn zu erledigen.

Er sah, dass sich die drei Scharfschützen bereits die Tarnanzüge überzogen und sich bereit machten. Er ging zu ihnen hinüber. „Hallo Männer. Ich möchte, dass ihr euch Positionen aussucht, von denen ihr nicht nur beobachten, sondern auch schießen könnt. Also nicht zu weit weg, verstanden?"

Die drei sahen ihn an. Es waren jüngere Kollegen, die Tom von den Ausbildungen kannten. Sie wussten, wie gut er war. Einer von ihnen war soeben von Walter angerufen worden. Der hatte ihn und seine beiden Kollegen gewarnt und sie gebeten, Abstand zu halten. Da sie Walter als liebenswerten Kollegen mit Erfahrung in allen Sparten kannten, vertrauten sie ihm. Und nun kam Mooshammer und befahl ihnen das Gegenteil!

„Aber was ist, wenn ..." Weiter kam der junge Mann nicht.

„Habe ich mich verhört?", fragte Mooshammer. „Gibt es ein Problem?"

„Nein, nicht wirklich, aber ..."

„Nichts aber", schnauzte Mooshammer. „Und Abmarsch!"

Die drei machten sich auf den Weg.

Dann teilte Mooshammer zwei weitere Gruppen ein. Die eine sollte versuchen, einen Weg zu erkunden, der oberhalb der Hütte verlief. Das zweite Team sollte sich in der Nähe der

Hütte eine schusssichere Deckung suchen, um von dort aus eventuell einen Notzugriff zu starten. Als er damit fertig war, gab er seinem Chef per Handy Bescheid.

* * *

Tom lag bereits wieder auf seinem Beobachtungsposten am Hang oberhalb der Hütte, als er am Rande seines Sichtfeldes eine Bewegung wahrnahm. Vorsichtig richtete er seine Waffe entsprechend aus. Unter seinem Tarnnetz war er auch für geübte Beobachter nur bei Bewegungen sichtbar. Er schaute durch sein Zielfernrohr und betrachtete das Gebiet, in dem er etwas gesehen hatte. Nach wenigen Minuten hatte er den Mann im Visier. Obwohl er sich nicht schlecht getarnt hatte und auch ein spezielles Bewegungsmuster befolgte, konnte Tom sehen, dass es ein SEK-Mann war. Wer es war, konnte er aufgrund der Gesichtstarnung nicht erkennen, aber er erkannte die Umrisse der Einsatzwaffe.

Tom dachte nach. Er konnte und wollte niemanden mehr verletzen. Ohne ihr Auftauchen wäre nichts passiert. Dann hätte er hier oben seine innere Ruhe gefunden, ohne an Plan B zu denken. Aber diese Ignoranten wollten es nicht anders. Er würde ihnen nun ihre Grenzen aufzeigen.

Er lag ganz ruhig da und beobachtete den Scharfschützen. Als dieser vorsichtig neben einer kleinwüchsigen Tanne entlangglitt, visierte Tom dessen Schulter an und zog seinen Abzug durch. Dem leisen Plopp folgte ein markerschütternder Schrei. Tom grinste. Er hatte hoch angehalten und die Wunde würde den Kollegen nicht sonderlich verletzt haben. Aber die Warnung, die würden sie hoffentlich verstehen.

* * *

„Ich bin getroffen, helft mir! Schnell!", kam es aus dem Funk-gerät, welches vor Mooshammer auf einem Klapptisch aufge-baut worden war.

Mooshammer erstarrte. Er hatte keinen Schuss gehört. „Was ist los? Wer ist getroffen und wo?", schrie er in das Funkgerät. Panik überkam ihn. Er hatte das Kommando, also war er für alles hier oben verantwortlich, bis Hessmann eintraf. Hilfesu-chend schaute er in die Runde. Er war wie immer bei haarigen Situationen komplett überfordert.

Bei einem der Fahrzeuge stand Barney, ein Altgedienter aus Gruppe eins.

„Barney, komm her und hilf mir!", schrie Mooshammer hinüber.

Barney, der den Funkspruch über seinen Gehörbügel mit-gehört hatte, blickte auf und übernahm. „Andy, wo liegst du und wo bist du getroffen?", fragte er ruhig in sein Gerät.

„Bei der kleinen Tanne, ungefähr hundertfünfzig Meter unterhalb der Hütte", schrie Andy. Ich habe einen Schulter-schuss und blute recht stark. Er muss einen Schalldämpfer benutzen. Ich habe keinen Schuss gehört."

„Beruhige dich, wir holen dich da schon raus!"

Sofort stellte Barney einen Trupp aus fünf Männern zusam-men, die zwischenzeitlich eingetroffen waren. Sie hatten zwei schwere ballistische Schilde, einen Sicherungsschüt-zen mit einer Langwaffe und zwei Sanitäter mit einer Bahre. Unter Barneys Kommando machten sie sich gleich auf den Weg, um ihrem Kameraden zu helfen. Ein paar Meter hin-ter ihnen folgte Mooshammer. Er hatte sich zwischenzeitlich die schwere Schutzausrüstung angelegt und sah unter seinem viel zu großen Helm aus wie ein Michelin-Männchen. Eine Lachnummer, dachte Barney.

* * *

Tom horchte in die dem Schuss folgende Stille hinein, die nur kurzzeitig von Andys Schrei unterbrochen wurde. Wahrscheinlich war dies nicht der einzige Schütze, der in seiner Nähe war. Schon bald bestätigte sich seine Vermutung. Etwas oberhalb seiner Position, am westlichen Ende des Überhanges, hörte er Geräusche. Zudem sah er eine Gruppe von Kollegen, die sich, mit Overalls bekleidet, im Schutze zweier schwerer Schilde an der Waldgrenze in Richtung des Verletzten bewegte. Ganz am Ende konnte er Mooshammer erkennen, der offensichtlich die Kommandos gab. Dieser Vollidiot! Ein Blender, wie jeder in den Teams wusste. Tom konnte einfach nicht verstehen, wie jemand wie Mooshammer den Weg in die Sondereinheit geschafft hatte. In der Gruppe konnte er außerdem Barney erkennen. Ein alter Hase. Er würde den Verletzten bergen und den Rückzug veranlassen. So weit, so gut ...

Tom wollte sich eigentlich schon den anderen widmen, als ihm eine Idee kam. Mooshammer hatte das Helmvisier heruntergeklappt und stolperte einige Meter hinter dem Rettungsteam her. Immer wieder blieb er stehen und blickte ängstlich in Richtung der Hütte. Bei jeder möglichen Deckung duckte er sich und verharrte, während der Rest des Teams schon fast bei dem verletzten Scharfschützen eingetroffen war. Tom zielte seitlich auf das Glas von Mooshammers Helm. Im richtigen Winkel würde sein Geschoss das Glas zwar beschädigen, aber Mooshammer nicht wirklich verletzen. Das müsste reichen, überlegte er. Ganz ruhig zog er am Abzug, während Mooshammer wieder einmal verharrte. Der Treffer zertrümmerte die äußeren Lagen des Visiers und einige Splitter rissen ein paar kleine Kratzer in Mooshammers Gesicht.

Er ging sofort zu Boden und schrie wie ein Wilder. „Ich bin getroffen, helft mir! Hilfe!"

Barney, der zwischenzeitlich bei Andy eingetroffen war, funkte – ruhig, wie immer –: „Was ist los, Mooshammer?"

„Ich bin getroffen. Ich blute! Bitte helft mir!"

Barney fluchte innerlich. Warum war dieser Idiot nur mitgegangen? Nun mussten sie auch noch auf ihn aufpassen. Er hatte die Wunde beim Scharfschützen gesehen und erkannt, dass Tom diesen nur hatte verletzen wollen. Einer der Sanitäter hatte bereits mit der Wundversorgung begonnen.

„Okay, Männer, wir machen es so. Einer geht mit mir, die anderen machen das hier fertig. Wir schauen nach Mooshammer und helfen ihm. Wenn ihr hier fertig seid, kommt ihr zu uns. Ich glaube nicht, dass Tom uns beschießen wird. Die beiden bisherigen Schüsse waren nur eine Warnung. Und die Sache mit Mooshammer ... ich glaube, der war nie ein Freund von Tom, wenn ihr versteht, was ich meine. Wir nehmen das zweite Schild."

Kurze Zeit später erreichten Barney und sein Kollege den verletzten Mooshammer. Barney konnte sehen, dass Mooshammer geweint hatte. Außerdem hatte sich an seinem Schritt ein dunkler Fleck gebildet. Oh Scheiße!, fluchte Barney innerlich. Riechen konnte man es auch schon. Dieser Pisser! Barney sah den Streifschuss am Visier und zwei kleinste Kratzer an Moosis Wangen, die leicht bluteten. Das konnte doch nicht alles sein. Fieberhaft suchte er nach weiteren Verletzungen. Nichts!

„Wo bist du getroffen?", fragte Barney.

„Ich weiß nicht", schrie Mooshammer panisch.

Barney checkte ihn erneut durch. Nichts! „Er hat nur dein Visier gestreift, du Trottel. Du hast zwei kleine Kratzer auf der Wange. Du Arschloch! Weißt du eigentlich, dass du uns gerade von einem wirklich Verletzten abgezogen hast? Und das alles wegen deines Scheiß-Kratzers!" Barney schäumte vor Wut. Er ließ Mooshammer einfach liegen und eilte zusammen mit seinem Kollegen im Schutze des Schildes zu Andy.

Die Gruppe kam ihnen auf halbem Weg entgegen.

„Fragt nicht!", winkte Barney ab und sie konnten gerade noch erkennen, dass Mooshammer weit unter ihnen in Panik und so schnell er mit seiner schweren Schutzausrüstung vorankam, in Richtung der Fahrzeuge lief.

* * *

Tom hatte zuerst ungläubig angenommen, er hätte seinen Schuss vergeigt. Doch dann beobachtete er Barneys Reaktion beim Eintreffen und dann Mooshammers Laufrückzug. Tom grinste. Mooshammer war immer wie ein Geschwür gewesen. Nach dieser Aktion würde ihn wohl hoffentlich niemand mehr ernst nehmen. Er vergewisserte sich, dass niemand in der Nähe war und zog sich vorsichtig in seine Hütte zurück. Seit er mit seinen Vorarbeiten fertig war und die Falltür entfernt hatte, konnte er seitlich unter der Hütte durch das Loch im Boden ins Innere gelangen, ohne von Beobachtern gesehen zu werden. Er aß ein wenig und legte sich auf das Bett, das sich im hinteren Bereich befand. Nach diesen beiden Schüssen würde erst einmal niemand auf die Idee kommen, sich der Hütte zu nähern. Außerdem würde es bald dunkel werden. Darin sah er seine Chance, seinen finalen Plan umzusetzen.

* * *

Walter und seine Leute waren in der Zwischenzeit bei den anderen eingetroffen. Hessmann hatte nach Rücksprache mit Beigel angerufen und lange mit Walter telefoniert. Walter hatte ihm die Sache mit dem Tränengas schmackhaft gemacht und Hessmann hatte eingesehen, dass man bei so einer großen Sache nicht auf Leute wie Walters Team verzichten konnte. Bei der Anfahrt hatten sie gesehen, dass einige lokale Polizisten größte Schwierigkeiten hatten, die eingetroffene Presse vom Geschehen fernzuhalten. Wie diese Leute immer so schnell an Informationen kamen, war ihm ein Rätsel. Aber in jeder Einheit gab es Personen, die brisante Informationen

173

sofort an befreundete Journalisten weitergaben. Noch während er darüber nachdachte, sah er einen privaten Helikopter über ihre Köpfe in Richtung Toms Hütte fliegen. „Ist der denn wahnsinnig!", rief er.

Hessmann hatte den Hubschrauber auch gesehen und griff sofort zum Telefon. „Ich will den dort oben sofort weghaben!", schrie er in den Hörer. Kurz darauf fuhr er fort: „Das ist mir scheißegal. Hören Sie: Was ist, wenn er den Hubschrauber abschießt? Er hat gerade zwei Kollegen angeschossen, Sie Idiot!" Er beendete das Gespräch und steckte sein Handy ein.

Hessmann hatte soeben von Barney erfahren, was sich unterhalb der Hütte abgespielt hatte. Mooshammer hatte sich offensichtlich überschätzt. Und jetzt auch noch das! Kopfschüttelnd kam er zu Walter und seinen Leuten.

„Die schicken einen von unseren Hubschraubern und der soll den anderen abdrängen oder sonst etwas tun. Wie dumm kann denn unsere Presse bloß sein!", fragte er in die Runde.

Aber niemand interessierte sich für seine Aussage.

Walter hatte sich zwei Koffer unter seine Arme geklemmt. Sie enthielten zwei sogenannte MZPs, eine Art Granatwerfer mit Kaliber vierzig Millimeter. Damit konnte man auf Entfernungen bis etwa hundert Meter Gasgranaten oder Blitzknaller in die Hütte einbringen. „Chef, wir sind bereit. Aber wir warten, bis es dunkel wird. Dann ist unsere Annäherung weniger gefährlich. Wir werden, wie besprochen, mehrere Granaten in die Hütte schießen. Dann warten wir ab, ob Tom herauskommt. Möchtest du es vorher mit dem Megaphon probieren?"

„Das halte ich für keine gute Idee", konterte Hessmann. Nach dem, was vorgefallen war, hatte er keine Lust, in die Nähe der Hütte zu gehen und sich selbst zu gefährden.

Die Gruppe um Walter hatte nicht ernsthaft eine andere Antwort erwartet. Die Männer grinsten.

„Was ist eigentlich mit den Leuten oberhalb des Überhanges?", fragte Hessmann.

Walter antwortete: „Sie könnten sich theoretisch im Schutze der Dunkelheit in die Nähe der Hütte abseilen. Aber wenn Tom sie sieht, endet das in einem Desaster. Sie wären ihm hilflos ausgeliefert. Der Überhang ist einfach zu ausladend."

„Und die anderen Beobachter und das Zugriffsteam?", fragte Hessmann.

„Wir haben mehrere von ihnen in großer Entfernung zur Hütte postiert. Die sehen jede Bewegung. Sie haben Wärmebildkameras und Nachtsichtgeräte. Aus der Hütte kommt niemand ungesehen heraus. Das Zugriffsteam weiter unten würde etwa drei Minuten brauchen, bis es die Hütte erreicht. Das ist der momentane Stand", sagte Walter. Er hatte mit Barney gesprochen, und der hatte ihm den Alleingang Mooshammers und alle bisherigen Einteilungen geschildert. Walter konnte nicht verstehen, warum der nicht auf seine telefonischen Vorschläge betreffend der Entfernung zur Hütte gehört hatte. Gern hätte er ihm dazu einige Fragen gestellt. Es war deshalb immerhin zu einer schweren Verletzung eines Kollegen gekommen. Aber Mooshammer war seit dieser Sache nicht mehr gesehen worden.

„Ich werde mit meinen Leuten zu Beginn der Dunkelheit aufziehen, sagte Walter. Wenn wir so weit sind, dass wir die Granaten einbringen können, teile ich es dir am Funk mit. Aber keine Alleingänge der anderen Gruppen, verstehst du! Ich will, dass er die Chance hat, sich zu ergeben." An Hessmann gewandt sagte er: „Wir werden nach unseren ersten Schüssen Leuchtpatronen abfeuern, damit wir ihn sehen, wenn er herauskommt."

„Ja, das werden wir hinbekommen", gab Hessmann vorsichtig zurück.

Walter sah sein Team an. „Leute, in drei Minuten letztes Briefing!" Dann ging er zum Zelt und fand dort Beigel und Maik. Irgendwie hatte er Gefallen an den beiden gefunden. Nach ihrem ersten Treffen hatte es ja nicht so ausgesehen, aber die zwei waren von Anfang an auf der richtigen Spur gewesen. Walter war ein Mann, der aus Fehlern lernte, und nun wollte er noch kurz mit den beiden ins Reine kommen. „Hallo ihr zwei", fing er an. Ich werde jetzt gleich mit meinen Leuten da raufgehen und versuchen, Tom lebendig aus der Hütte zu bringen. Ich weiß, er hat euch viele Probleme bereitet, aber wenigstens haben wir jetzt ein paar irre Täter weniger, und auch die beiden Mörder des Obdachlosen werden vermutlich nie wieder einer Fliege etwas zuleide tun, wenn ich richtig liege. Es tut mir leid, dass ich vielleicht am Anfang etwas ruppig zu euch war. Hoffentlich könnt ihr heute euren Fall hier abschließen.

Maik schüttelte Walters Hand. „Danke, Walter, viel Glück! Und passt auf euch auf. Tom hat sich sicherlich etwas Besonderes ausgedacht."

Beigel klopfte Walter auf die Schulter. Auch er mochte den grobschlächtigen Gesellen, ganz im Gegensatz zu Hessmann. „Viel Glück!"

Dann drehte sich Walter um, verließ das Zelt und stieß kurze Zeit später zu seinem Team. Bevor er mit seinen Leuten die abschließenden Besprechungen führte, rief er der Reihe nach alle Sicherungsposten über Funk und ließ sich die letzten Beobachtungen melden. Doch niemand hatte irgendeine Bewegung in der Hütte ausmachen können.

Walter ging hinüber zu dem kleinen Zelt, das sie in Ermangelung einer besseren Unterkunft als Einsatzzentrale aufgestellt hatten. Dort saßen sie schon alle zusammen. „Hubsi und Haggi, ich möchte, dass ihr die Granaten abschießt. Zogi und Barney, ihr unterstützt jeweils einen der beiden mit einem Entfernungsmesser. Hubsi, du und Haggi, ihr schießt zuerst einen Blitzknall und dann das Tränengas. Solltet ihr die Fenster nicht treffen, schießt ihr sofort eine oder zwei weitere Patronen nach. Und dann möchte ich in Abständen von etwa zehn Sekunden zwei Leuchtpatronen dort oben sehen.

Notfalls feuert ihr noch eine oder zwei nach, je nach Bedarf. Wenn nichts passiert, schießen wir ein paar Nebeltöpfe, dann können sich die anderen annähern. Okay?"

„Positiv", sagten Hubsy und Haggi wie aus einem Mund.

Walter war zufrieden. Noch eine Stunde etwa, dann würde es dunkel genug sein, um die Aktion zu starten. Hoffentlich hatte Tom kein Nachtobjektiv auf seiner Waffe. Dann würde es gefährlich werden. Aber irgendetwas in seinem Inneren sagte ihm, dass Tom keinen seiner alten Kollegen ernsthaft gefährden würde. Genauso wenig, wie er aufgeben würde. Ohne es zu bemerken, wurde er langsam müde. Ihm machte die Sache mit Tom schwer zu schaffen. Er mochte den zuverlässigen Kollegen. Und er verstand dessen Motive. Auch in seinen Augen waren die Richter und Staatsanwälte nur ehemalige Studenten, die außer Lernen und Partys nichts mit dem wahren Leben am Hut hatten. Und die derzeitige Gesetzeslage war ein Witz. Täter hatten alle und Opfer fast keine Rechte. Und dann noch all diese schleimigen Anwälte! Nein, was sie heute vorhatten, machte ihm keinen Spaß, aber es war eben sein Job. Hoffentlich geht das alles gut, dachte er sich, als er sich mit seinem Team bei den Fahrzeugen für den Einsatz klarmachte.

* * *

In der Hütte traf Tom die letzten Vorbereitungen. Sie wären bald im Schutze der Dunkelheit. Aber als Taktiker hatte er alle Möglichkeiten durchgearbeitet: entweder mit Scharfschützen, eventuell im Schutze schwerer Schilde oder mit Teams, die sich von oben abseilen würden. Auch einen Einsatz mit Tränengas konnte er sich vorstellen. Oder sie würden versuchen, ihn auszuhungern. Aber da würde wohl die Presse zu viel Druck machen und Hessmann hatte auch nicht so viel Personal zur Verfügung.

Tom schaute noch einmal in seinen Rucksack. Darin befanden sich Zivilkleidung, Perücken, ein Revolver, sein Pass, eine große Summe Bargeld und einige Dinge, die er für seinen Plan benötigen würde.

Bevor sie anfingen, wollte er sie noch ein wenig nervös machen. Er schnappte sich sein Gewehr mit dem Schalldämpfer und kroch wieder ins Freie. Unter einem Gestrüpp neben der Hütte suchte er, von seinem Tarnnetz geschützt, durch sein Objektiv die Standorte der Beobachter. Er bewegte sich behutsam, um nicht gesehen zu werden, und entdeckte vier Beobachter. Er hielt etwas seitlich neben dem ersten an und gab drei schnelle Schüsse ab, die in den Baum unmittelbar daneben einschlugen. Dann wechselte er zum nächsten Beobachter und wiederholte das Spiel. Anschließend zog er sich in seine Hütte zurück.

Am Funk wurde es lebendig.

„Ich werde beschossen!", rief der Erste in sein Mikrophon.

„Ich auch", kam es von dem zweiten Beobachter etwas oberhalb des Zugriffteams.

Da niemand Schüsse gehört hatte, ging jeder erst einmal in Deckung.

Walter funkte dazwischen. „Irgendjemand verletzt?"

„Negativ!", kamen in kurzen Abständen die Bestätigungen.

„Dann waren es nur Warnschüsse. Bleibt aber in Deckung und passt auf", sagte Walter ruhig. Er wusste, dass Tom nicht vorbeischießen würde, wenn er es wollte. Was hatte er nur vor?

Inzwischen wurde es dunkel. Walter und sein Team formierten sich. Hubsi und Haggi trugen bereits ihre MZPs. Der Rest des Teams hatte sich jeweils eine „Heckler & Koch"-Maschinenpistole umgehängt. Die Männer trugen Nachtsichtgeräte, die sie nur mehr herunterklappen mussten. Leise verschwanden sie in der beginnenden Dunkelheit. Am Horizont waren einige Regenwolken zu sehen.

Als Walters Team auf Höhe der Baumgrenze ankam, begann es heftig zu regnen. Das Team suchte unter einem kleineren Felsen Schutz.

„Macht euch bereit, es sind noch etwa zweihundert Meter bis zur Hütte", sagte Walter leise.

Zogi und Barney verstauten ihre Waffen und zogen die Entfernungsmesser aus den Taschen.

„Wir teilen uns hier", beschloss Walter, „und nehmen Tom von zwei Seiten unter Beschuss. Die ersten beiden Granaten müsst ihr gleichzeitig einbringen. Und dann schnell das Tränengas. Haggi, ihr nehmt die linke Seite mit dem großen Fenster, und du, Zogi, schießt durch das kleinere Fenster neben der Tür."

„Passt, Walter", sagte Haggi und brach mit Barney auf. Die anderen machten sich auf den Weg, da sie einen längeren Anmarsch ohne Deckung vor sich hatten. Der Regen kam ihnen zugute. Walter blieb beim Felsen stehen, da er von hier aus eine gute Sicht auf den vorderen Teil der Hütte hatte.

Es dauerte fast eine halbe Stunde, bis Walter am Funk die leise Stimme von Haggi vernahm. „Wir sind in Position, Entfernung fünfzig Meter südlich der Hütte."

Zogi meldete sich nun auch: „Siebzig Meter, direkt vor dem Haupteingang, wir haben fast keine Deckung. Ich hoffe, ihr habt alles unter Kontrolle!" Damit meinte er die Scharfschützen, die diese Seite abdeckten.

„Alles klar, Zogi, keine Bewegungen in der Hütte sichtbar", meldete sich einer von ihnen.

„Danke", gab Zogi erleichtert zurück und duckte sich hinter einen Felsen.

Walter meldete sich am Funk: „An alle! Wir bringen jetzt in Kürze die Schock-Wurfkörper und das Tränengas ein. Setzt euch schon mal die Gasmasken auf."

In diesem Moment durchbrach ein Funkspruch die Stille. „Achtung, ich sehe Licht in der Hütte und eine Bewegung!"

Kurz darauf: „Jetzt ist es wieder dunkel!" Die Meldung kam von einem der Beobachter weit oberhalb des Zugriffsteams, welches schon seit dem Nachmittag in seiner Position verharrte.

* * *

Tom hielt sich zu diesem Zeitpunkt bereits an Eingang seines Fluchttunnels auf. Seit einer halben Stunde verharrte er in dieser Position. In seiner rechten Hand hielt er das Seil, welches er um den Stein geschlungen hatte, der den Fluchttunnel verschließen würde. Einmal noch musste er ihnen zeigen, dass er in der Hütte war, und dann nur mehr auf den Beginn des Zugriffes warten. Er schaltete kurz seine Taschenlampe ein, ließ den Kegel durch die Hütte wandern und schaltete sie nach ein, zwei Sekunden wieder aus.

Urplötzlich brach die Hölle los. Tom hörte das bekannte Geräusch sich nähernder Granaten. Er riss an dem Seil und der Stein fiel wie berechnet genau in das Loch über dem Stollen und verschloss es. Noch im Fallen hatte Tom das Seil abgezogen. Er hörte, wie die ersten beiden Granaten das Glas der Fenster durchschlugen, an der Rückwand der Hütte abprallten, zu Boden fielen und kurz darauf explodierten. Dann kamen auch schon die nächsten Granaten an und detonierten. Er hörte das Zischen des austretenden Tränengases, war aber schon auf dem Weg in den dunklen Tunnel hinunter zu seiner Zündvorrichtung. Er musste sich beeilen, wenn er nicht etwas von dem austretenden Gas einatmen wollte. Die Zeit, die er für die hundert Meter brauchte, kam ihm wie eine Ewigkeit vor. Fast wäre er über seine eigene Zündtrommel gestürzt.

Er bückte sich, drehte an der Kurbel und drückte auf den Auslöser. Die Detonation, die daraufhin losbrach, war atemberaubend. Eine gigantische Druckwelle ließ den Stollen wackeln. Mehrere kleine Gesteinsbrocken fielen auf Tom herab.

So schnell er konnte, lief er im Schein seiner Lampe den glitschigen Boden entlang immer weiter abwärts. Der erste Teil seines Planes war gelungen. Nun hatte er nur mehr eines zu erledigen.

* * *

Kurz nachdem sie den Lichtschein in der Hütte gesehen hatten, gab Walter den Schießbefehl. Er sah die Leuchtbögen der Geschosse und hörte, wie sie die Fenster durchschlugen. Haggi und Zogi hatten punktgenau getroffen. In Sekundenschnelle hatten sie nachgeladen und die Tränengas-Geschosse waren sogleich auf ihrem Weg in die Hütte. Was dann geschah, würden Walter und all die anderen noch Jahre später bei jeder Gelegenheit erzählen. Während sie alle auf einen nicht sichtbaren Gasaustritt aus den Fenstern und einen herauskommenden weinenden Tom warteten, brach das Chaos los. Die Detonationen waren unbeschreiblich. Zuerst zerriss es die Hütte in Tausende Teile, und dann brach ein Riesenteil des Überhanges ab und begrub die Hütte für immer unter sich. Die Zugriffstruppe, die sich unterhalb der Hütte aufgehalten hatte, rannte um ihr Leben. Immer wieder brachen größere Teile aus dem Überhang und stürzten mit tosendem Lärm talwärts. Zogi und Hubsi waren der Explosion am nächsten gewesen. Überall um sie herum schlugen Gesteinsbrocken ein. Die Wucht der ersten Druckwelle hatte sie hinter ihrem Felsen zu Boden geworfen. Wie durch ein Wunder wurden sie nicht schwerer verletzt. Ein paar kleine Steine trafen sie und verursachten blaue Flecken, aber die Riesendinger, die nur wenige Meter an ihnen vorbei ins Tal donnerten, verfehlten sie. Sämtliche Funksprüche, die zu diesem Zeitpunkt von fast allen Beteiligten gleichzeitig abgesetzt wurden, gingen in der Erstphase in einem unglaublichen Lärm unter.

Walter stand wie erstarrt unter seinem Felsen. Er konnte nicht glauben, was er da sah. Die wenigen übrig gebliebenen Teile der Hütte, die nun weit verteilt auf der Wiese lagen, brannten. Es war gespenstisch. Eine Leuchtpatrone zog eine einsame Spur in den Himmel. Als sie am Fallschirm langsam zur Erde pendelte, war das gesamte Ausmaß der Katastrophe zu sehen. Der halbe Überhang war auf die Reste der Hütte gestürzt und hatte alles unter sich begraben. Man würde Tom nicht bergen können, um seine Überreste einem Begräbnis zuzuführen.

Regen rann über Walters Gesicht. Er faltete die Hände und sprach ein stilles Gebet für seinen Kollegen. Das konnte er nicht überlebt haben. Er musste Unmengen von Munition in der Hütte gelagert oder sich selbst in die Luft gesprengt haben. Anders konnte sich Walter diese Explosion nicht erklären.

Nach mehreren bangen Minuten kamen von allen Seiten Funksprüche. Es hatte wie durch ein Wunder keine schwerwiegenden Verletzungen gegeben. Nur von Zogi und Hubsi war nichts zu hören. Walter eilte zur deren Stellung. Er glitt im Dunkeln auf einem nassen Stein aus und schlug der Länge nach hin. Leicht benommen rappelte er sich auf. Glücklicherweise hatte er sich nicht verletzt. Als er bei den beiden Kollegen eintraf, lagen sie noch immer tief geduckt hinter ihrem kleinen Felsen, der ihnen vermutlich das Leben gerettet hatte.

„Was war denn das?" Zogi blickte verständnislos zu Walter auf, der gerade Hubsi auf die Beine half. Seine Ohren summten noch immer und er hatte Probleme, Walters Antwort zu verstehen.

„Keine Ahnung. Munition oder Sprengstoff, ich tippe auf Letzteres", sagte Walter. „Seid ihr verletzt", fragte er.

„Nein, nur ein paar Kratzer", gaben beide zurück.

Walter sah sich um. Es hatte aufgehört zu regnen und aus allen Richtungen kamen Männer in dunklen Overalls, die sich langsam, aber stetig in Richtung der zerstörten Hütte bewegten. Jemand hatte in einiger Entfernung einen

Generator angeworfen, sodass plötzlich ein riesiger Lichtstrahl die gespenstische Szenerie beleuchtete. Die ersten Kollegen waren inzwischen bei dem Steinhaufen angekommen, der früher einmal Toms Hütte unter dem großen Überhang gewesen war. Aber eine Suche nach ihm war aussichtslos. Man würde die Sache abschließen und zu einem Ende kommen, dachte sich Walter. Nachdem sie sich einen Überblick verschafft hatten, versammelte er seine zwischenzeitlich eingetroffene Gruppe um sich und sie stiegen gemeinsam zum Lager ab.

Hessmann war bereits darüber informiert, was passiert war. Er gab erste Auskünfte an die Presse. Auch er war froh, dass die Sache beendet worden war. Ohne einen lebenden Täter auf der Bildfläche würde es wohl einfacher sein, den Fall so schnell wie möglich abzuarbeiten und wieder aus der Negativpresse zu verschwinden.

Er unterbrach sein Gespräch mit den Reportern, als er seine Männer sah, die vom Einsatz zurückkehrten. Er ging ihnen entgegen und klopfte den Heimkehrern auf die Schultern. Er würde morgen mit ihnen reden, damit sie das Erlebte aufarbeiten konnten.

* * *

Tom hatte fast das Ende seines Fluchtstollens erreicht. Kurz vor dem Ausgang fand er das Mountainbike, das er hier in weiser Voraussicht deponiert hatte. Er schaltete seine Lampe aus und öffnete die geheime Tür. Es war schwierig, das Dornengestrüpp davor zu entfernen, aber nach wenigen Minuten und einigen Kratzern hatte er sein Fahrrad ins Freie befördert. Er nahm sich die Zeit, den Eingang wieder zu verbergen, damit ihn ja niemand finden würde. Damit sein Plan funktionierte, musste alles, aber auch wirklich alles passen.

Als er mit seinem Werk zufrieden war, fuhr er im Dunkeln auf dem Schotterweg in Richtung Bayerwald. Zwei Mal musste er dabei ins Unterholz flüchten, da von weiter oben Fahrzeuge ins Tal fuhren. Er hatte bereits im Vorfeld einen detaillierten Plan ausgearbeitet, wie er ungesehen und ohne Aufmerksamkeit zu erregen als normaler Radwanderer bis zu seinem vorläufig letzten Ziel kommen würde. Bis nach Possenhofen war es ein weiter Weg und er musste vorsichtig sein. Er fuhr noch einige Kilometer, bis er sich sicher war, dass ihn hier niemand mehr in Verbindung mit dem Großaufgebot der Polizei und des SEKs bringen würde. Dann legte er sich in einen Heustadel und fiel in einen tiefen, traumlosen Schlaf.

Erst die Morgensonne weckte ihn und er machte sich wieder auf den Weg. Von seinem Kontakt hatte er vor einiger Zeit erfahren, dass Jan Albert in ein Außengebäude des Schlosses Possenhofen am Starnberger See verlegt worden war. Tom hatte sich einen perfekten Plan für sein letztes Opfer ausgedacht. Wenn der funktionierte, konnte er Plan B angehen.

Mit kleinen Pausen ging er die ungefähr achtzig Kilometer Fahrt an. Tom fuhr gemütlich, er hatte keine Eile mehr. Offiziell war er bereits Geschichte, und wenn er keinen Fehler mehr machte, konnte dies getrost so bleiben.

Kurz nach fünfzehn Uhr erreichte er den kleinen Vierhundert-Seelen-Ort. Es war nicht sehr schwer, das Schloss zu finden, doch von nun an würde er vorsichtig sein müssen. Die Bewacher von Albert, wenn sie denn noch da waren, würden über Fotos von ihm verfügen.

Er versteckte sein Fahrrad und machte sich zu Fuß auf den Weg. Er suchte sich einen leicht erhöhten Standort und legte sich in eine größere Buschgruppe. Von dort hatte er eine perfekte Übersicht über die Nebengebäude. Er nahm seinen Feldstecher aus dem Rucksack und begann, systematisch nach einer Person zu suchen, die seiner Zielgruppe entsprach. Das letzte aktuelle Foto hatte er auf sein Handy bekommen. Hoffentlich hatte Albert sich nicht zu sehr verändert.

* * *

Jan Albert stand am Fenster seines Zimmers. Er hatte hier draußen alles, was er wollte. Man hatte ihm nach seiner Freilassung gesagt, dass er vorübergehend von Beamten des LKA München überwacht werden würde. Möglicherweise habe es der irre Mörder, der in der letzten Zeit einige Gleichgesinnte getötet hatte, auch auf ihn abgesehen. Albert hatte diese Vorstellung nicht gefallen, aber trotzdem war er froh gewesen, dass ihn diese Bullen beschützen würden. Er hatte über die Art und Weise, wie die anderen getötet worden waren, gelesen und wollte nicht der Nächste sein. Also nahm er die Sache mit Humor. Es konnte ja nicht ewig dauern, bis er außer Gefahr war. Und hier konnte er sich fast schon frei bewegen. Er machte sogar Spaziergänge im Garten, obwohl immer einer der drei Bewacher in der Nähe war und ihn nicht aus den Augen ließ. Seine Gier nach Kindern wuchs jedoch von Tag zu Tag.

* * *

Von seinem Beobachtungsplatz aus sah Tom eine Person an einem Fenster, das sich ebenerdig in einem der Nebengebäude des Schlosses befand. Er justierte sein Fernglas und ihm stockte der Atem. Bingo!

Er konnte sein Glück kaum fassen. Da war dieser Pädophile. Eindeutig. Dasselbe Gesicht. Vorsichtig brachte er sich in eine bessere Beobachtungsposition. Das Gebäude hatte nur drei Fenster. Also konnte es nicht sehr viele Räume haben. Einen Raum vermutlich für die Bewacher und die anderen für Albert. Tom ließ sein Fernglas wandern. Er fragte sich, wo

185

sich die Bewacher gerade aufhielten, da er keinen von ihnen sehen konnte. Vielleicht waren sie ja inzwischen abgezogen worden.

Eine halbe Stunde später hielt ein dunkler Passat im Garten des Schlosses. Ein junger Mann stieg aus und trug eine Papiertüte zum Haus. Als er die Tür öffnete, sah Tom noch eine weitere Person im Zimmer. Also waren es mindestens zwei Bewacher, dachte er. Das war jedoch kein Problem. Er würde ja nicht in Erscheinung treten, sondern blieb an seinem Standort und beobachtete alle Bewegungen der drei Männer. Albert sah noch einige Male aus dem Fenster und machte vor dem Dunkelwerden sogar einen Spaziergang im Garten. Die beiden Bewacher hielten sich dezent im Hintergrund. Mit Sicherheit war Albert mit einer elektronischen Fußfessel ausgerüstet. Andernfalls hätten die Beobachter ja jede Nacht und den ganzen Tag über stets ein Auge auf ihn werfen müssen. Die Fußfessel war vermutlich so eingestellt, dass beim Verlassen eines bestimmten Radius eine akustische Warnung ergangen wäre.

Als es dunkel wurde, schlich sich Tom näher an das Gebäude heran. Er war schon fast bei einem der der offenen Fenster angekommen, als er Schritte hörte, die sich von innen der Eingangstür näherten. Einer der Polizisten kam mit einem Handy am Ohr heraus und trat ins Freie.

Tom zog sich leise in die Dunkelheit der Büsche zurück und verfolgte das Telefonat. Aus dem, was der Polizist sagte, schloss Tom, dass der Mann soeben von einem seiner Vorgesetzten über die Explosion in den Bergen informiert worden war. Das hatte aber lange gedauert!

„Ja, Chef, wir sagen es ihm morgen. Er soll er sich ruhig noch eine Nacht fürchten." Er lachte und legte auf. Dann ging er ins Haus zurück.

Tom überlegte. Es war möglich, dass Albert bereits morgen verlegt wurde. Wenn er seinen Plan heute Nacht erfolgreich umsetzte, dann hatte er es geschafft. Er brauchte nicht lange darüber nachzudenken, seine Entscheidung war längst gefallen.

Er nahm sich ein Fenster nach dem anderen vor. Und er hatte sich nicht geirrt. Albert hatte zwei Zimmer zur Verfügung und seine Bewacher teilten sich den dritten Raum. Von vorn gesehen lag das Zimmer der Bewacher ganz links im Gebäude, daneben Alberts Wohnzimmer und dann ganz rechts sein Schlafzimmer. Dessen Fenster war nur angelehnt. In der Ecke des Schlafzimmers stand ein Stuhl. Er hatte genau die richtige Höhe. Aber das Beste an der Sache war, dass das Schlafzimmer auf der anderen Seite des Gebäudes lag. Die Bewacher würden nicht viel hören. Tom zog sich wieder zurück und kroch zu seinem Versteck, wo er den Rucksack zurückgelassen hatte.

Zuerst zog er sich Einweghandschuhe an. Dann nahm er einen Plastiksack aus dem Rucksack, in dem, eingehüllt in ein altes Tuch, ein alter Revolver lag. Er hatte ihn vor vielen Jahren zusammen mit seinem Schalldämpfer in Ungarn gekauft. Keine Nummerierung, keine besonderen Merkmale. Perfekt für seine Zwecke. Die Waffe hatte irgendeinem Kleinkriminellen gehört. Tom lud sie mit einer einzigen Patrone. Das gehörte zu seinem Plan. Er achtete darauf, dass die Trommel so lag, dass sich die Patrone im dritten Laderaum befand. Das hieß, er musste den Abzug dreimal betätigen, bevor sich der Schuss lösen würde.

Dann streifte er alte Socken über seine Turnschuhe. Er würde keine Spuren hinterlassen.

Als er seine Vorbereitungen beendet hatte, blieb ihm nur noch zu warten.

Einige Mücken hatten ihre Freude daran, ihn auszusaugen. Albert und auch die beiden Polizisten sahen fern. Gegen dreiundzwanzig Uhr gingen zuerst die Bewacher und eine halbe Stunde später dann auch Albert zu Bett. Tom gab ihm eine Stunde. Er musste auf Nummer sicher gehen.

Als es so weit war, schlich er zum Fenster. Er hatte Glück, denn es stand immer noch offen. Besser sogar: Albert hatte es zur Gänze geöffnet, um frische Luft in den Raum zu lassen. Tom hörte sein gleichmäßiges lautes Schnarchen. Leise glitt er in den dunklen Raum. Auf Zehenspitzen ging er an den Wänden entlang in Richtung des Stuhles. Sollte Albert nun aufwachen, würde er ihn in der Dunkelheit wahrscheinlich nicht sehen. Tom ließ sich Zeit. Als sich seine Augen an die Dunkelheit im Raum gewöhnt hatten, nahm er den Stuhl vorsichtig zur Hand und klemmte ihn von innen unter die Türklinke.

Nun konnte er damit beginnen, seinen Plan umzusetzen. Tom war ganz ruhig. Er hatte die Sache im Kopf schon hundert Mal durchgespielt. Wie eine Raubkatze bewegte er sich auf Alberts Bett zu. Dann beugte er sich über ihn. Hier durfte er keine Würgemale hinterlassen. Daher hatte er ein weiches Tuch mitgenommen, das er nun über seine Hand legte. Urplötzlich griff er zu. Mit eisernem Griff umschloss er die Kehle des Schlafenden und drückte ihn fest in die Matratze. Albert wachte auf, griff mit beiden Händen panisch nach Toms Armen und versuchte sich zu befreien. Aber Tom war zu kräftig. Langsam näherte er sein Gesicht Alberts Ohr und sagte: „Ganz ruhig, ganz ruhig! Wenn du dich wehrst, bringe ich dich sofort um. Hör mir einfach ruhig zu, ja?"

Albert nickte. Er konnte sein Gegenüber nicht ausmachen, dessen Griff wie ein Schraubstock um seinen Hals lag.

„Du bist ein kleines pädophiles Arschloch, Jan. Ich will nicht, dass du in deinem beschissenen Leben jemals ein weiteres Kind belästigst. Du hast bereits zu viel Leid verursacht. Ich werde dir jetzt deine letzte Chance geben, dein Ende selbst zu besiegeln. Hast du mich verstanden?"

Jan verstand gar nichts, aber ihm ging langsam die Luft aus. Und so nickte er erneut.

„Gut, gut!", sagte Tom. „Ich werde dir jetzt einen Revolver geben. Du kannst dir damit selbst die Birne wegblasen und so die Welt um einiges besser machen. Hast du das verstanden?"

Albert dachte fieberhaft nach. Der Mann, der ihm hier im Dunkeln die Kehle zudrückte, konnte doch nicht so blöd sein. Ja, er würde seine Chance nutzen. Aber nicht so, wie es sich dieser Drecksack vorgestellt hatte. Und wieder nickte er.

Darauf hatte Tom gewartet. Ohne den Druck von Albert Hals zu verringern, zog er den Revolver aus seinem Hosenbund. Er fasste ihn am Lauf und hielt ihn Albert hin.

Albert tastete nach dem Griff. Er hatte ihn noch nicht einmal fest in der Hand, als er ihn auch schon auf Toms Gesicht richtete und abdrückte. Doch es geschah nichts! Scheiße! In Panik drückte er ein zweites Mal ab. Wieder nichts. Der Kerl hatte ihn hereingelegt.

Tom hatte genau das vorhergesehen. Er brauchte Alberts Fingerabdrücke auf der Waffe. Und die befanden sich nun dort. Schon nach dem ersten Versuch eines Schusses hatte Tom sich vorbereitet. Beim zweiten hatte er Alberts Hals losgelassen und wahnsinnig schnell mit beiden Händen Alberts rechte Hand ergriffen. Mit einem häufig geübten Ruck verdrehte er Alberts Hand und führte sie an dessen rechte Schläfe. Da Albert seinen Finger immer noch am Abzug hatte, drückte er, ohne es zu wollen, instinktiv noch einmal ab.

Die Kugel drang seitlich in seine rechte Schläfe ein, durchschlug den Kopf und trat auf der anderen Seite zusammen mit einer großen Menge Hirnmaterial und Blut wieder aus. Albert sackte zusammen. Er war sofort tot. Die Waffe lag noch immer in seiner rechten Hand.

Nun musste alles schnell gehen. Tom nahm das Tuch vom Hals des Toten. Rasch glättete er das Bettzeug und verließ das Zimmer auf demselben Weg, auf dem er gekommen war. Während er leise durch den Garten flüchtete, hörte er die verzweifelten Schreie und das Fluchen der Bewacher, die versuchten, durch die verschlossene Tür in Alberts Zimmer zu gelangen. Würdet ihr durch das Fenster in den Raum einsteigen, hättet ihr es leichter, dachte er.

Tom brauchte fast fünf Minuten, bis er bei seinem zurückgelassenen Fahrrad angekommen war. Nun war es Zeit, das umzusetzen, was er für seine Zukunft geplant hatte.

* * *

Beigel, Maik, Willi und einige andere Teammitglieder saßen schon seit Stunden zusammen. Beigel hatte sie einen Tag nach dem Geschehen alle eingeladen, um mit ihnen über die letzten Wochen zu reden. Wie erwartet war aus Kostengründen beschlossen worden, Toms Körper nicht zu bergen. Stattdessen würde vor Ort ein Mahnmal errichtet werden. Da Tom die Morde gegenüber seinen Kollegen gestanden hatte, würden die abschließenden Schreibarbeiten endgültig sein. Auch die Staatsanwaltschaft hatte dem zugestimmt. Beigel würde sich einen lange verschobenen Urlaub mit seinen Liebsten gönnen und Maik hatte vor, ein paar Tage mit seinem Campingbus zu verreisen. Aber jetzt hatte er wie alle anderen einen sitzen. Das Bier und der Wein waren nach dem Essen in Strömen geflossen. Es war schon sehr spät.

Als sein Telefon klingelte, schaute Maik auf die Uhr und dachte an Hessmann. Aber es war Hans am Apparat, der die Bewachung von Jan Albert geleitet hatte. Man hatte ihn und seine Männer im Eifer des Gefechts vergessen und sie somit zu spät über Toms Tod informiert. Beigel dachte, dass sich Hans beschweren wolle. Also entschuldigte er sich, bevor dieser sein Anliegen vorbringen konnte. „Tut mir leid, ich weiß, wir haben euch gestern vergessen. Ich spendiere dir ein Bier, wenn du herkommst!"

„Nein, Chef, ich rufe nicht deswegen an. Jan hat sich soeben erschossen. Ich weiß nicht, wie er an den Revolver gekommen ist, aber er hat sich in seinem Zimmer eingesperrt und sich dann in seinem Bett erschossen. Eindeutig Selbstmord. Der Gerichtsmediziner war schon da, er hat die Schmauchspuren an Jans Händen untersucht. Wir machen hier Schluss, wenn dir das recht ist. Ich habe mit der Staatsanwaltschaft gesprochen, die Leiche ist bereits freigegeben. Tut mir leid!"

„Danke dir, Hans. Ist schon fast ein wenig sarkastisch, nicht? Wenn Tom das noch erlebt hätte. Albert wäre mit Sicherheit sein nächstes Opfer geworden. Ironie des Schicksals. Gute Nacht, Hans!" Beigel legte auf.

Maik sah ihn fragend an. „Was ist los, Chef?"

„Jan Albert hat sich erschossen. Und nein, denk nicht mal daran. Tom ist tot. Die Leiche Alberts wurde bereits freigegeben. Es gibt keinen Zweifel."

Damit hatte niemand gerechnet. Aber nachtrauern würde dem toten Albert sicherlich keiner der Anwesenden.

Beigel stand auf und verabschiedete sich. Er nahm sich ein Taxi, fuhr nach Hause und legte sich in seinem Wohnzimmer aufs Sofa. Um diese Zeit wollte er seiner Frau den Zigaretten- und Alkoholgestank nicht mehr zumuten. Er fiel in einen langen erschöpften Schlaf.

* * *

Das Containerschiff war vor zehn Tagen im Hafen von Genua ausgelaufen. Das Erreichen des Zielhafens in Venezuela war noch Wochen entfernt. Die See war glatt und die Hitze in der Küche unglaublich.

Pedro nahm den riesigen Topf vom Feuer. Wenn er das Essen für die zwanzig Matrosen rechtzeitig zubereiten wollte, dann würde sein neuer Gehilfe die Kartoffeln schneller schälen müssen. „Tom, musst du machen schneller, sonst Probleme mit Mannschaft, capito?"

„Si, Capitano!" Tom grinste und bemühte sich, Pedros Wunsch nachzukommen. Er war nach langem Autostoppen über Österreich nach Italien schlussendlich in der Hafenstadt Genua angekommen. Es hatte nicht lange gedauert, bis er dort auf einem uralten Containerschiff als Küchenhilfe angeheuert hatte. Dank des zwielichtigen Kapitäns war es ihm erspart geblieben, sich auszuweisen. Die Einreise ohne Dokumente in Venezuela würde ihn etwa tausend Dollar kosten, hatte der ihm gesteckt. Er hatte ihn nicht einmal nach dem Grund seines Anheuerns gefragt. Und gute Küchenhilfen waren rar.

Er würde in Venezuela ein neues Leben beginnen. Seine gesamten Ersparnisse lagen in seinem Rucksack, für den Anfang würde es reichen. Er war schon voller Tatendrang. Hoffentlich würde sein Joker ziehen ...

* * *

Seit Toms Hütte explodiert war, war ein Jahr vergangen. Das gesamte Team, dem Tom angehört hatte, hatte sie am Abend danach zu Hause besucht, um sie zu trösten. Einige der Männer hatten mit ihr über den Verlust von Tom geweint. Harte Schale, weicher Kern. Sie liebte diese Boys dafür. Bei einer Messe, die die Jungs aus seiner Gruppe gegen den Willen von Hessmann feierten, hatte Haggi eine wunderschöne Rede über ihren Freund gehalten. Wann immer sie wollte, hatte er gesagt, würde das Team für sie da sein. Und das hatten sie bis zum heutigen Tag so gehalten. Als sie Haggi mitgeteilt hatte, dass sie eine Auszeit nehmen und einige Zeit im Ausland verbringen würde, hatten sie sogar zusammengelegt und ihr das Ticket finanziert. Unglaublich! So einen Zusammenhalt und so viel Solidarität gegenüber einem Menschen hatte sie noch nie zuvor erlebt.

Und nun saß sie im Flugzeug nach Maracaibo. In ihrer Hand hielt sie einige zerknüllte handgeschriebene Zettel. Sie hatte den

Brief nach Toms Tod auf ihrer Terrasse gefunden. Er hatte ihr alles gestanden, hatte sein Tun erklärt und seine Beweggründe. Hatte sie gebeten, den Brief für sich zu behalten. Er hatte ihr erklärt, wie ihm die Flucht vom Berg gelungen war und damit alles riskiert. Was, wenn sie zur Polizei gegangen wäre. Aber Tom hatte sie richtig eingeschätzt. Sie hatte noch nie so viel Zuneigung für einen Menschen empfunden wie für ihn. Und sie hatte sein Tun verstanden. Es gab so viel Ungerechtigkeit auf dieser Welt und Tom hatte aus ihrer Sicht nicht falsch gehandelt. Er war der Einzige gewesen, der etwas für ihre ermordete Schwester getan hatte. Sie freute sich schon auf ihn und konnte es nicht erwarten, ihm in die Arme zu fallen. Hunderte Male hatte sie seinen Brief im vergangenen Jahr gelesen.

Das Flugzeug neigte sich zur Seite und im Landeanflug konnte sie das Blau des Meeres erkennen.

Tom sah den Lufthansa-Flieger beim Landeanflug. Darin saß seine Mariella. Nun würde sein Leben wieder einen Sinn haben ...